ぬか床を作りましょう。

用意するのは
ぬか：1・5キロ
水：1・5リットル
塩：350グラム
大豆、昆布、しょうが
：適宜お好みで

①ボウルのぬかに塩を加え、混ぜ合わせます。

②水を少しずつ注ぎ、よくかき混ぜます。

● 自分にとって混ぜやすいかたさが目安。

③握ったらかたまるくらいのかたさになったら、つまんで塩の加減を確認します。

ちょっとしょっぱい程度が目安。

④昆布と大豆（海のものと山のもの）、そして香りのためのしょうがを入れます。

⑤ぬかをぬか漬け容器ます。容器の口のぎりまで入っていると混ぜにくいので七～八分目に。最初は捨て漬けをして、ぬかの調子を整えます。

⑥毎日かき混ぜて、その都度、捨て漬けをします。捨て漬けはしんなりしたら取り替えますが、おいしく漬かっていたら、捨てないで食べてください。

毎日せっせと手入れを続ければ、
おいしいお漬けものが
日々の食卓に並びます。

有元葉子
ぬか漬け帖

きゅうりは生で入れてよし、
干して入れてよしと
楽しみが多い。

うりは
真ん中の種の部分は
こそげ取って。

夏はぬか漬けが本当に楽しい季節。
定番のなすやきゅうりに加えて、さわやかな新しょうがや
香りのよいみょうがが、ぬか床の青梅も添えて。

ぬか床に、
よく加えるものを
揃えてみました。
左上から時計回りに、
塩しゃけの頭を焼いたもの、
粉辛子、
にんにくと赤唐辛子、
かたい青梅、
山椒の実。

香り高い山椒の実は、
さっと熱湯に通し、
ざるなどに上げて
水気を切り、さめたら、
小分けにして冷凍庫に。

時にはぬか床に
赤唐辛子をたっぷり入れ、
辛いぬか漬けを楽しみます。
数日たてば、
この辛さはなじんできます。

はじめに　いつも私の食卓にはぬか漬けがありました

子供の頃から、いつも食卓には母が作ったお漬けものがありました。とくに、夏の初めのきゅうりは忘れられない味。あのきゅうりが食べたくて、今でもぬか漬けを作っているのかもしれません。

私のぬか床は母から譲り受けたもの。もうかれこれ五十年ほど、毎日塩を足したり、ぬかを加えたりしながら、混ぜて混ぜて、今も使い続けています。もともとは母のぬかだったものは、長い時間がたった今では、すっかり私のぬかに変わっています。少し前の日本では、それはふつうのことで、ぬか床は教室で習うものではなく、家庭の中で自然に受け継がれるものだったのです。

毎日、ぬか床をかき混ぜていると、自然に和食が多い食生活に変わってきます。さらに、お漬けものに合わせるなら、やっぱりごはんがおいしい、そして具だくさんの汁ものがあれば一食が揃います。そんな食事を続けていると、体調も整います。健康のためにぬか漬けを食べるのではなくて、いつのまにか体調が気にならなくなっている――こういう流れのほうがよいものです。

忙しい日々にぬか漬けがあるのは、心強い味方がいるようなもの。大根のような大きな野菜を買っても、料理の選択肢としてぬか漬けがあればいいでしょう。

おうちにぬか床があるのは、生きものを飼っているようなものだとも言えます。日々、気にかけて、手間を惜しまない存在。暮らしの一部になっているような、そんな生きものが、私の場合、魚や動物ではなくて、たまたまぬか床だったというわけです。

そう考えると、ぬか床って昔から続く知恵だと心から感心してしまいます。面白くておいしい日々の営み。これを忙しいから作れないというのは、大きな幸せを逃しているようでもったいない。食べないのならともかく、忙しくてこの幸せを逃すくらいなら、あなたの暮らしを見直して、ぬか漬けのおいしさを楽しんでいただきたい、そう思います。

もくじ

ぬか床とのお付き合いは「自由」に。
正解は試行錯誤で見つけること。
その方が面白いでしょう――　103

続けられなければ
気にせずやめればいい――　116

有元葉子、
発酵学者・小泉武夫の
研究室を訪ねる　120

ぬか漬け帖

有元葉子

ぬか床作りはとても簡単。
けれども、
そのぬか床は
あなた自身です――

「毎日混ぜること」、そして「清潔にしておくこと」

冒頭のぬか床の作り方をごらんいただければわかるように、ぬか床を作るのはとても簡単なことです。

ぬか、塩、水を大きなボウルに入れて、粉っぽさがなくなるまでよく混ぜる。基本はこれだけ。好みで、大豆、昆布、しょうがを加えるのもよいでしょう。

最初にするのはただそれだけなのです。私の料理教室でもぬか漬けのレッスンは大人気なのですが、「はい、これだけです」と言うと、みなさん、「本当にこんなに簡単でいいの?」と思うようです。けれどもこれは始めの一歩。

そこからみなさんのぬか床とのお付き合いが、それぞれの家で始まります。

ぬか床は、手入れが悪ければ悪くなってしまうし、よければどんどんおいしいお漬けものができるようになっていきます。ですからいつも私は、「さあ、あとはそのぬか床をあなた自身だと思って、毎日、手入れしてくださいね」と言って送り出します。そう言われると、みなさん、今度は少しびっくりなさり、「いったいどういうことなのだろう」と思うみたいですが。

ぬか床の手入れと言っても、それは単純なこと——

「毎日混ぜること」

「清潔にしておくこと」

ただ、それだけです。この本では何度も繰り返しますが、ぬか床を続けていくことは、それに尽きるのです。

毎日の積み重ねが結果になります

「毎日かき混ぜること」と「清潔にしておくこと」、この二つは簡単なことですが、日々続けていかなければなりません。たまにやればいい、ということではないのですね。一日一、二分の小さなことですが、毎日必ずやり続けるという積み重ねが何より大切です。都合のいい日に週に三回ほど……というわけにはいかないのがぬか床。冬場はそれでもダメにしてしまうことはないかもしれませんが、夏場は絶対NG。毎日、一回でも二回でも忘れずに、気がついたらすぐに手を動かし、続ける。これは結局、やる気が必要だということです。

ぬか床は自分の体みたいなものだと思います。日々ちゃんとした食事をとったり、なるべく運動を欠かさないように心がければ、健康な自分をキープできます。それは、思いついた時に手をかけるのではダメで、お休みせずに続ける小さな積み重ねが、結果として現われることです。ぬか床もそれとまったく同じです。さぼったら、さぼったなりのものしかできませんし、復旧させることは大変です。

ときどき特別な何かをするのではなくて、小さなことを欠かさずに繰り返すことで、はじめて結果が出る。だから私のぬか床は私自身なのだといつも思います。

よく混ぜたら、
ていねいに平らに
ならしましょう。

まわりに飛び散ったぬかも
かたく絞ったふきんで
清潔にふき取ります。
ふたを開けた時に、
「きれい！」と思える、
そんなぬか床であってほしいものです。

よいぬかを選びましょう。
それが基本です——

ぬかのことをもっと知りたい

「ぬか」とは玄米を精米する際に出てくる、表皮や胚芽の粉末です。「いりぬか」と「生ぬか」の二種類があります。

スーパーなどで売られているのはたいてい「いりぬか」です。お米を精米する時に出るぬかを煎《い》ったのがいりぬかです。

「生ぬか」は精米の際に出るぬかそのままのもので、お米屋さんに行くと、分けてもらえることがあります。近ごろは、この生ぬかは手に入りにくくなったと聞きます。お米をスーパーなどで買う人が増えているので、お米屋さんが減ってしまったからです。なかには自分で精米機を持って、食べる分だけ精米して、そこからとれたぬかでぬか漬けを作っている、という人がいますが、それなら紛れもない生ぬかですね。三合のお米を精米しても、ぬかの出る量はわずかですが、自分のぬか床のぬかに自分の食べるお米から出る分を当てられるようになると、本当はいちばんいいのだと思います。

さて。私が使っているのは、生ぬかです。いりぬかと生ぬか、どちらがいいかは人それぞれだと思いますが、私はなんとなく生ぬかのほうが早くおいしく漬かるような気がしています。ぬか漬けは、ぬかに含まれる菌や酵母によって野菜を発酵させて作るのですが、そうだとしたら、熱を加えない生ぬかのほうにより菌がたくさん生きているように思えるのです。もちろん、いりぬかを使っておいしいぬか床ができるというお話も聞きます。火を入れても完全にぬかの菌が死んでしまうわけではないのでしょう。

話がそれますが、納豆メーカーの方から、よく似た話を聞いたことがあります。わらづとに入った納豆はゆでた大豆をわらに包んで作りますが、そのわらは、食品衛生法上、高温で殺菌しなければ法律的に使用できないのだそうです。けれども殺菌すると、もともとわらに付着していた菌が激減してしまうので、わざわざ新たに納豆菌を加えて納豆を作るのだそうです。この話、なんとなく生ぬかといりぬかの話と似ているでしょう。

いりぬかと生ぬかのどちらがいいか、という質問には、どちらでも、とお答えするしかありません。やってみておいしいほうを採用すればいいと思いますし、「違うかも?」と思ったら、次回は別のものを使ってみればいいのだと思います。

よい生ぬかは信頼できるお米屋さんで

お米を食べるなら、国産のお米、それも素性の確かなお米を食べたいと思います。日本には安全でおいしいお米作りに誠心誠意尽力している農家さんが何軒もあります。この人たちがお米を作り続けるためには、消費者である私たちが、安全でおいしいお米にこだわり、少し高くてもそれを買う姿勢が必要です、と機会があるたびに語ってきました。

ぬかもお米と同じです。「よいぬかはどこで手に入れられますか?」という質問をいただくことがありますが、あなたが安心してお米をお願いしている、いつものなじみのお米屋さんにお願いして分けてもらうのがいちばんいいでしょう。

そして、ぬかは油分が多く、そのまま置いておくとすぐに酸化してしまいがちなので、精米したてのものをお願いするのがいいでしょう。
食卓に上るお米とぬか漬けのぬかの両方を一緒に頼めたらいいですね。

ぬかの保存方法

ぬかは使うたびに買うわけにはいきませんから、少し多めに入手して、上手に保存しておくことになります。空気に触れて酸化してしまうことがないよう、私は真空パックにして、冷蔵庫に入れておきます。

あまり大袋にまとめてしまうと扱いづらいので、小さめの袋に小分けにし、それをひとつの袋に入れて保存しています。このやり方ですと使い勝手がいいのです。ぬかは冷蔵でも冷凍でもカチカチにかたまってしまうことはありません。サラサラの状態で冷たくなっているだけですから、解凍する必要もなく簡単に袋から取り出すことができます。

冷蔵庫で保存、と書きましたが、それは日本の冷蔵庫の冷凍庫内の温度が微妙に上下するからで、もしも常時一定の温度で冷凍できるなら、冷凍庫に入れておくのがさらにいいと思います。

ぬかは、ほかにどんなことに使う？

ぬかはぬか漬けに使う以外にも、いろいろな役に立ちます。よく知られているように、大根や筍のアク抜きに使います。なぜ大根や筍のアクがぬかで取れるのかわかりませんが、やってみると、いがらっぽさや苦みが取れ、ほんのりした自然の甘みを感じ、独特の香りも際立ってきます。たくあんや日野菜漬けにも使われています。

このぬか大丈夫？

ぬか床の状態を見るのに、混ぜた時に手についたぬかをちょっとつまんで食べてみます。食べるというよりも、なめるという程度ですが。「えっ！　ぬかって食べられるんですか？」とおっしゃる方が多いのですが、ぬかはお米の外側の部分ですから、玄米が食べられるのと同様、もちろん食べても大丈夫。だいたい、食べられないものの中に野菜を入れて、おいしい漬けものができるわけがありません。

漬けもののぬかは、試しに食べてみて、ちょっと塩辛いかな、という感じがいいと思います。ぬか床の様子を知るために、適当な塩加減を知っておくことは大切です。それぞれのお宅の好みで、塩加減は決めればいいと思います。

例えば、きゅうりのぬか漬けを作る時、たいてい塩でこすってから漬けますが、ぬか床が充分に塩辛い時は、こすらずにそのまま漬けます。逆にぬか床の塩が少々甘いから、しっかりめの塩でこすってから漬けておこう、などと加減します。きゅうりの塩加減で、ぬか床の塩辛さも変わってきますから、臨機応変に手を加えていきます。

もしも、つまんで食べるのもためらわれるようなぬか床でしたら、そこで漬けものを作るのは、やめたほうがよいでしょう。

冷凍したぬか床の話

「ぬか床は冷凍保存できますか？」と聞かれることがあります。私自身はぬか床を冷凍庫に入れたことはありません。

けれども、いつも一緒に仕事をしている方が、かれこれ四年ほど、冷凍庫の中に入れたままにしていたぬか床を、ある日、おそるおそる取り出して、解凍してみたそうです。しっかり時間をかけて常温に戻したところ、ぬかはもとの色よりもやや茶色が濃くなっていたそうですが、野菜を漬けてみたら中の微生物は生きていたそうで、お漬けものができたとのこと。それ以来、毎日手をかけて、今ではおいしいぬか漬けができ上がるそうです。

ぬか床の微生物は、手入れを怠るとダメになってしまうものですが、温度が低くなることでは、完全に死んでしまうことがないようです。

「捨て漬け」はおいしくできたら
捨てません――

「その間は食べられない」というのは違います

漬けものの容器に、ぬかと水、それに塩を混ぜ合わせて容器に入れれば、基本になるぬか床のでき上がり！　けれどもでき上がったばかりのぬか床に漬けても、塩辛いばかりでおいしい漬けものはできません。そこで、「捨て漬け」をします。ぬか床の発酵をうながし、塩分やぬかのうまみがなじんでくるまで、野菜の切れ端やキャベツの外側の葉などを漬けるのです。

ところで、以前、「捨て漬けはいつまですればいいのでしょうか」という質問をいただきました。その方は、いったい何日間捨て漬けをするのか、と考えたようです。捨て漬けは、野菜を捨てるためのものではありませんし、期間が決まっているものでもありません。

名前こそ「捨て漬け」ですが、実際にすることは、ぬか漬け作りと同じです。かき混ぜる時に、昨日漬けた野菜がどんな味わいになったか、必ず食べてチェックしてください。端っこを味見してみておいしかったら、食卓へ。また、野菜がしんなりしていなければ、そのままぬか床の中に入れ続けておけばいいでしょう。

捨て漬けは、その間は捨てなければならないものではないのです。「捨て漬け」という言葉が、「その間は食べてはいけない」という誤解を招くのでしょう。

はじめは発酵が足りずに、塩辛いばかりでとても食べられなかった漬けものが、野菜を取り替えながら毎日よくかき混ぜ続けると、十日から二週間くらいたった頃には塩がなじんでおいしくいただけるようになってきます。冬よりも、春から初夏にかけての暖かい季節のほうが、発酵がより早く進み、捨て漬けの期間も短くていいでしょう。

また、塩分が気になる方はよくぬか床がなじむまでしっかり待ってくださいね。「捨て漬け」という呼び方は好きになれません。十日以内でも、おいしいと思ったら、捨てずに食べればいいのですから、「その呼び方は違うでしょう」と思わず言いたくなってしまいます。

どんなものを最初に漬けるか

捨て漬けにするのは手に入りやすい野菜で充分です。ぬかの調子を引き出すための捨て漬けなので、漬けものにする野菜が基本です。例えば、大根の皮や頭、にんじんのしっぽ、キャベツの外側の葉っぱや芯の部分などを入れればいいでしょう。ポイントは、ちゃんと食べられる野菜の一部を入れること。しおれきって変色してしまった野菜や、傷みのひどい野菜は入れません。腐敗菌が入ってしまうとぬか床はどんどん悪くなってしまいますから。

キャベツの葉ならば、食べることができるものだったら、多少かたかったり、ちょっとだけ虫くいがあっても、捨て漬けには問題はないと思います。

何をよしとして、何をダメとするか、基準は人それぞれでいいと思います。わたしは虫が食べているくらいなら、自分が食べても大丈夫と考えていますので、そういう野菜も捨て漬けにしてしまいます。けれども、古くなってしおれたような野菜は、自分も食べないので捨て漬けにはしないというわけです。

ぬか漬けを
おいしくするために
入れるといいもの——

おいしいぬか床のために入れるもの

ぬか床の中で生きている菌や酵母などの微生物が活発に働くように、加えるものがあります。

えっ！と驚くようなものを入れて、思いがけなくぬか床の調子がよくなることがあるので、本当に漬けもの作りは面白いと思います。

ぬか床にさまざまなものを加えて菌の働きをよくする工夫は、多くの人が試していますが、私の場合は「食べられるものを入れる」というのが大前提です。例えば卵の殻。カルシウムを意識してか、酸味を取るためか、ぬか床に卵の殻を入れる人がいると聞いたことがありますが、私たちは殻は食べないでしょう。だから私も卵の殻は入れたことがありません。

✚辛塩じゃけの頭をこんがり焼いたもの

ぬか床の発酵が進みやすい気温になる初夏の頃、わが家では辛塩じゃけの頭を半分に割り、よくよく芯までこんがり焼いたものを入れます。そうすると漬けものがだんぜんおいしくなるのです。頭は必ずしっかり焼くことが鉄則。そうしないと、ぬか床が生臭くなってしまいます。

この辛塩じゃけの頭の焼いたものをぬか床に入れる方法は、辰巳浜子さんの本に出ていました。私にとって料理の本は、辰巳浜子さんと辻留さんの本です。それしか持っていなくて、いつもこのお二人のお仕事を手本にしてきました。読んだ当時、少々驚きながらも、すぐに試してみました。そうしたら、とてもおいしくまろやかな味わいのぬか漬けになったのです。

以来、気温が高くなってくる季節には、ときどき辛塩じゃけの頭をこんがり焼いてぬか床に入れるのが恒例になっています。ただしこの方法は、ぬか床の状態がよい時に限ります。

塩じゃけの頭は、入れると三日間程度ですっかり消えてなくなります。大きくてかたい頭が消えてしまうのを目の当たりにすると、改めてぬか床の微生物が生きているのだと実感します。もちろん三日たって頭が残っていても、ぬか床から抜きとる必要はありません。溶けてなくなるまでかき混ぜ続ければいいのです。

ぬか床に入れるしゃけの頭は辛塩のものに限ります。甘塩や生のしゃけの頭は私は使いません。そして繰り返しますが、しっかり焼くこと。焼きが足りないとぬか床はまずくなってしまいます。

上手にできると、ぬか床がびっくりするくらいおいしくなる方法です。いつもの手入れと別に、ご興味があればお試しください。

✚青梅の実

青梅の実も季節になると毎年必ず入れるもののひとつです。なぜ青梅の実がぬか床にいいのか理由はわかりませんが、これも辰巳先生のご本に書いてあったのでやってみたのが始まりです。以来、初夏の恒例行事となっている手入れです。

ぬか床に入れる梅は新鮮な青梅、それも大きくてかたい実に限ります。少しでもやわらかかったり黄色くなった梅の実を入れてしまうと、ぬかの中でぐじゅぐじゅになってしまいます。

入れたからと言って、お漬けものが格段おいしくなるというわけではありませんし、入れないとぬかが悪くなるというものでもないのですが、青梅を見ると、「ああ、今年も入れなきゃ」という気持ちになります。理由はわかりませんがうちのぬか床にはいつも入っている、というのが青梅なのです。

大きな若い青梅の実をきれいに洗い、へたを取り、私の容器で十個以上入れます。皮に穴を開けるなどの必要はありません。半年ほどたっても、かたい実のままごろごろしていますが、刻んで食べるとしっかり梅のお漬けものになっていて、カリカリとおいしいです。

✚乾燥大豆

乾燥した大豆は、多すぎる水分を吸ってくれます。おそらく栄養的にもいいのだろうと思います。

季節やぬか床の調子などは気にせずに、水が多くなってきたと感じたら、ひとつかみ入れておきます。

大豆は煎ったりする必要はありません。そのままで大丈夫です。水を吸ってやわらかくなれば、食べられます。

もっと楽しむために
ぬか床を変えてみる――

ぬか床を変化させて楽しむ

赤唐辛子とにんにくをたっぷり入れたら、ぬか床がとてもおいしくなったことがあります。「あります」と書いたのは、一度入れたらそのおいしさがずっと続いていたわけではなく、変化したからです。赤唐辛子とにんにくを入れたら、ずっとその風味かというと、そうではなく、どんなにたくさんの赤唐辛子とにんにくを入れても、香りや味は日々変化していきます。

同じ味を保ちたければ、同じ材料を少しずつ足していきます。

毎日少しずつぬか床は変わり、新たになっていきます。その過程で、アクセントになっていた香りはなじんでくるのです。そうならば、なんでも試してみたらよいでしょう。思っていた通りにならなくても、いつまでもそれが続くわけではありません。どんどん変わっていくのを楽しむ、それがぬか床とのお付き合い。少し様子を見て、また違うものを入れよう――そう思えばよいのです。

ぬか床は毎日変化します。だから生きているのだと思いますし、変化するからこそ面白いのです。

ぬか床の風味のために入れるもの

ぬか床に香りをつけたり、味わいに奥行きを出すために、ぬか床にはいろいろなものを入れます。私の場合、一年を通して、しばしば入れているのは、しょうがとにんにくと赤唐辛子。これ以外は季節や、日々変わっていくぬか床の様子を見ながら、これだったらよく合いそうだと思うものを入れます。

ぬか床に入れるものについては、慎重になる必要はありません。辛くなりすぎた、匂いが強くなりすぎた、そんな時は、ぬかをある程度取り除き、そのぶん新しいぬかを足してもとに戻していけばいいのです。自由自在。

赤唐辛子、にんにく、しょうが、どれもたくさんたくさん入れてもいいのです。ぬか床は日々変化していきますし、それぞれが好みに合わせて手を加えればいいのだと思います。

さて、私はこんなものをぬか床に入れています。

✚しょうが

しょうがはいつも私のぬか床に入っているものです。新しょうが、根しょうが、谷中しょうがのような葉のついたしょうがなどいろいろな種類がありますが、どんなものも、ていねいに洗って土汚れなどを落としたあと、皮をむかずに、そのまま丸ごとぬか床に入れます。谷中しょうがの場合は、容器に収まる一五センチくらいで切って漬けていますが、葉っぱも香りとして入れるといいかもしれません。ただし、汚れなどはきれいに洗うこと。

さわやかな香り、ぴりっとした味わいを楽しめます。

しょうがはぬか床の香りのためにも用いますが、お漬けものとしてもとても美味。とくに夏の料理にはぴったりで、薄く切ったものがちょっと添えてあるととても香り高い箸休めになります。

かたまりのしょうがを必要なだけ薄く切って盛りつけたら、残った分は再びぬか床の中に戻しておきます。

✚にんにく

にんにくは、薄皮を取って、そのまま丸ごと入れます。薄皮がついていると、混ぜる時にはがれて邪魔になりますから。つぶしたり、薄く切って入れることはせず、丸ごと入れています。にんにくも、しっかり漬かったら、食べても美味。

✚山椒の実

山椒の香りのぬか漬けを食べたくなると、保存しておいた山椒の実をひとつかみ入れます。「こんなに?」と驚かれるくらいたくさん。山椒を入れたぬか床は、独特のすっとするような香りがします。

私は、一年中、山椒の実を切らさないようにしていますが、じつはそれが大変。山椒が店頭に並ぶのはごく短い期間だけですし、どこにでも売っているものではありません。毎年、予約しておいてたくさん手に入れると、まずはさっと熱湯に通します。これは山椒の実の成長を止める作業です。ゆですぎると色が変わってしまいますので、「ゆでる」のではなく、さっと熱湯をくぐらせるだけにすること。引き上げたら水気をよく切り、さましてから小分けにして冷凍してしまいます。こうするときれいなグリーンの色のまま冷凍保存できます。そして山椒の実は若いものを買うこと。この時期に手を加えて上手に保存しておけば、一年中、使えます。

わが家のぬか床に山椒は欠かせませんが、冷凍保存してある山椒の実の出番はそれだけではありません。牛肉のしぐれ煮はもちろん、昆布や魚を煮るなど、しょうゆ味の煮物によく使います。また、すりつぶして揚げ物に少しだけ振りかけることも。ちょっと山椒を加えるだけで煮物も揚げ物も、格段においしくなるのです。

山椒のシーズンには、実だけでなくて葉をぬか床に入れることもあります。

私にとって山椒は、ほかの香辛料では替えられない、とても大事なものなのです。

✚赤唐辛子

先日、ある方が赤唐辛子をたっぷり入れたぬか床を作っているのを見せていただき、「ああ、おいしそう！」と思いました。私も同じように、ぬか床が赤く染まるくらい、たっぷり入れてみましたら、なんだかとてもいい感じ。

その方はずいぶん前からぬか床を持っておいでで、しかもとてもやわらかいぬか床。触ったらさぞかし気持ちがよさそうなぬか床ですが、真っ赤なのです。そして辛いのですが、それがなんとも言えずおいしいのです。

赤唐辛子はさやになっているものをそのまま入れます。粗挽き唐辛子を入れる方もいますが、私は挽いたものはあまり入れません。そのあたりはお好みで。切って入れる時も、どんな形、どんな大きさでもOK。辛くなりすぎるのは困るけれど、ちょっと辛みがほしいなら、さやを丸ごと入れればいい。決まりなんてないのです。

自分の好みのぬか床を作るのは楽しい作業です。

✚昆布

しょうがとともに入っているのは昆布。ぬか床の状態に関係なく、適当な大きさに切って、入れています。

昆布は水で戻す必要はありません。乾燥しているものをそのまま使います。昆布から出ただしで、ぬか床にうまみが加わるように思います。

ぬか床の中の水分を吸ってやわらかくなった昆布は、細く切って野菜のぬか漬けに添えます。野菜のぬか漬けとはまた違った食感と味わいが楽しめます。

ぬか自体がおいしい時に入れる

ここではぬか床をもっと楽しむために入れるものを紹介してきましたが、これらはぬか床の調子をよくするためのものではありません。ぬか床の調子は、あくまでもよく混ぜ、上手に管理することで整えます。

ぬか床にうまみや香りのために何かを加えるのは、ぬかそれ自体がおいしくなってからが基本。何かを入れたら具合の悪かったぬかがよくなる、そういうことはありません。おいしいぬか床だけど、もう少し香りがほしい、アクセントがほしい、そういう時にはぜひ、ここで紹介した香りのものを入れてみてください。

いつものきゅうりも、
切り方ひとつで変わります。
まっすぐに切れば、
濃い緑でコロコロと。
斜めに切れば、
薄い緑が多くなります。

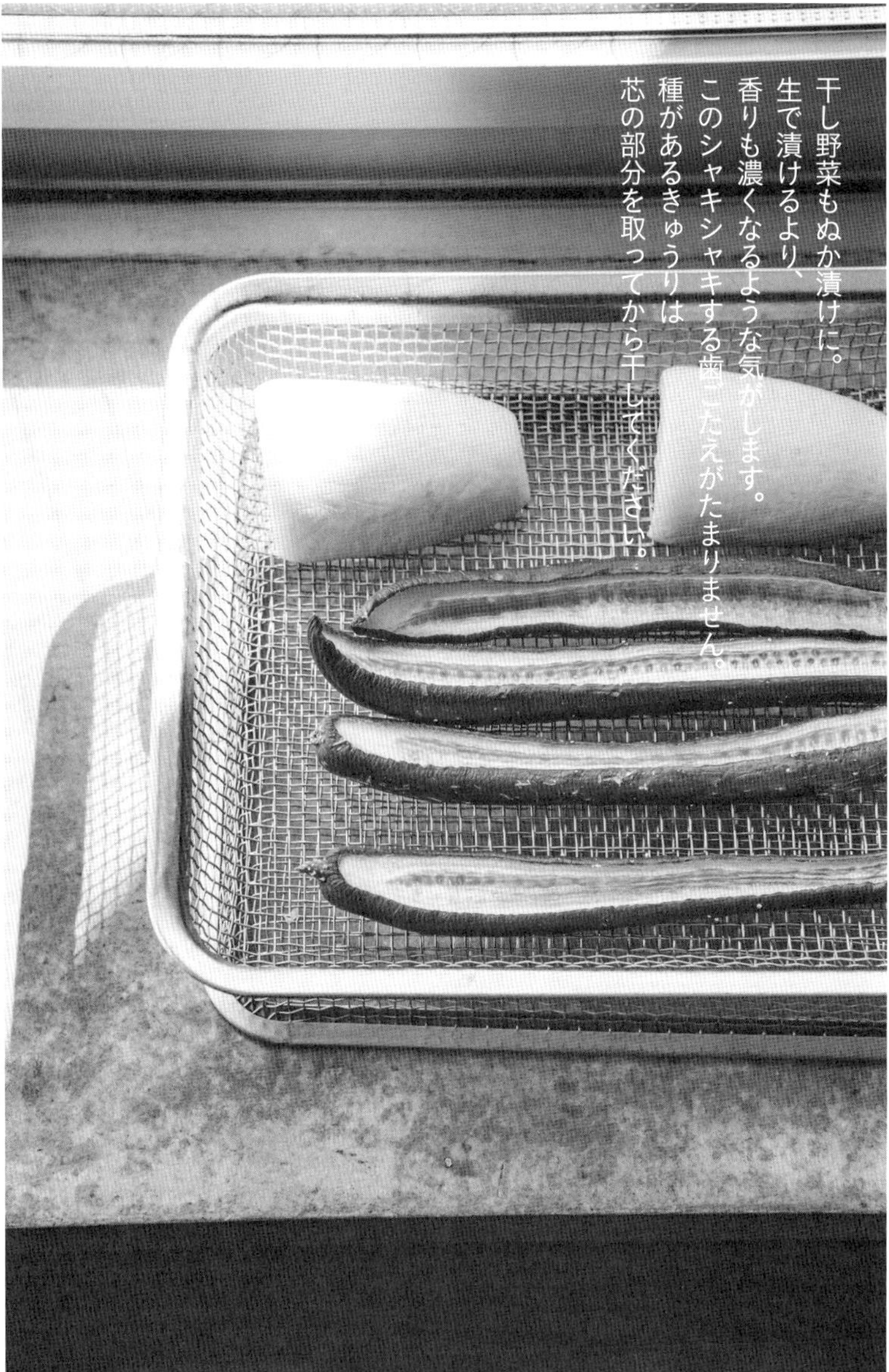
干し野菜もぬか漬けに。
生で漬けるより、
香りも濃くなるような気がします。
このシャキシャキする歯ごたえがたまりません。
種があるきゅうりは
芯の部分を取ってから干してください。

生で食べられる野菜が基本。
私が好きなぬか漬けと
その食べ方――

旬のものを漬けるのが基本

今の時代、大根もキャベツもきゅうりも一年中店頭に並んでいる野菜ですが、旬の野菜で作るぬか漬けがいちばんおいしいのです。これはぬか漬けに限らず、どんな料理でも同じですね。

春なら、春キャベツ、新ごぼう、

夏なら、きゅうり、なす、新しょうが、みょうが、ゴーヤ、うり類、

秋なら、夏に続いてなすやみょうが、にんじん、山いも、セロリ、

冬なら、小松菜、白菜、大根、かぶ

栽培方法が多様化し、今では旬のものがわかりにくくなっていますが、その野菜本来の旬のものは、文句なしにおいしいものです。

皮をむかずに漬けています

皮をむいて漬ける野菜はほとんどありません。

にんじんやしょうがはもちろん、山いもやうりも皮をむかずに漬けています。皮をつけたままぬか床に入れたほうが歯ごたえがよくおいしいものですし、皮の部分にこそ、いちばんおいしさが詰まっているからです。

もちろん、ぬか漬け用の野菜はそのために用意する時もありますが、台所で料理を作っている最中にちょこちょこと残ってしまったものを漬けることも多いです。大根おろしなどを作ったあとにちょっとだけ残った下のほうの切れ端や茎の部分、料理に使いきれなかったセロリやにんじん、みょうがやしょうがなどの香味野菜などなど。きちんと洗って土が落ちていれば、皮はむかずに、ぱぱっとぬか床の中へ。あとはぬか床まかせ。明日になれば、おいしい漬けものになっています。

干して漬けるとまた別の味わい

新鮮な野菜を漬ける、それがおいしいぬか床の基本ですが、少しだけ干してから漬けるのも、別の味わい、別の歯ごたえが出ておいしいものです。

新鮮な野菜はカリカリとした歯ごたえのぬか漬けに仕上がりますが、干した野菜を漬けると、より実が詰まったコリコリ、シコシコとした口当たりのお漬けものになります。香りも少し濃くなるような気がします。

干してから漬けるといっても、干物のように完全に干すわけではありません。ちょっと水分を抜く程度、季節や日当たりにもよりますが、半日も陽に当てればいいと思います。かさかさでなくて、しんなりしている程度がいいと思います。

半干し野菜のぬか漬けは、にんじん、大根、小松菜、きゅうり、実物でも葉物でも。とくに半干し大根の葉っぱは大好物です。ぬか漬けにする野菜なら、どんなものでもＯＫ。急ぐ時や天気によっては、きゅうりやうりなどは真ん中の種の部分をスプーンなどでこそげ取ってから干します。

「これは干したらどうかしら」と迷ったら、ぜひともまずは干してみてください。この本では私のやり方をご紹介していますが、それだけが正しい方法ではありません。おいしいかおいしくないか、できるかできないか、それはあなた自身がいろいろ試しながら覚えればいいのだと思います。実験するようにやってみることを楽しんでいただきたいと思います。

お漬けものは自由なのがいいのです。

野菜の漬け方

✚なす

なすはぬか床の状態のよしあしをはっきり示す野菜です。

軽く塩できゅっきゅっとこすってからぬか床に入れてください。なすのつるりとした皮に塩で少し傷をつける感じ。まず手のひらに塩少々を取り、皮をもむようにこすります。縦に半分程度まで切り込みを入れ、切り込みの間に薄くぬかをはさみ、もと通りのなすの形にしてぬか床に入れます。そのようにすると実の部分にもうまくぬかが回るので、早く漬かるのです。皮の色もきれいに仕上がります。

なすがおいしく、美しく漬かるようになれば、それは発酵がうまくいっている、おいしいぬか床である証拠。ぬか床の状態がよければ、なすが色よく漬かるように用いられる銅板や鉄は入れる必要がありません。

ちょうどいい具合に漬かったら、ぬかを洗い落とし、へたから下に向けて、ぎゅーっと絞ります。驚くほど水がほとばしりますが、しっかりと絞り上げたなすは、味がしまり、色も濃く、とてもおいしそう。絞ったなすは、色が変わる前にすばやく切って食卓に。すぐに食べましょう。

おいしいなすの漬けものを食べたければ、なすそのものがおいしいことが第一条件です。本来でしたら皮がかたいなすは、ぬか漬けには向きません。そういうなすは揚げ物や煮物に。ぬか漬けは皮がやわらかめのなすで。そして、どんな野菜でも同じですが、新鮮なものを用いてください。買ってきてから三日も冷蔵庫に入っていたなすは、ぬか漬けにするのをおすすめしません。

好きずきではありますが、ぬか漬けのなすは、噛んだ時に、ちょっと歯ごたえがあって、シュワッとするような水気があるのがいいのです。

なすの旬は初夏から秋にかけてです。冬の間もスーパーなどでは手に入りますが、この時期に漬けたものは、旬のものにはかないません。

最後に。これもお好みですが、なすを漬ける時には粉辛子をぬか床に加えてその香りも楽しみます。「なすの辛子和え」という料理があるくらいですから、なすと辛子の相性は抜群。なすの淡白な風味に、辛子の刺激がよく合います。

私は、ぬか床に粉辛子を入れるのは、なすを漬ける時だけ。ぬか床に入れた粉辛子の香りはいつまでも後を引くことはなくて、ぬかを混ぜたり、ほかのものを加えたりしているうちに消えてしまいます。

✚きゅうり

漬けものにするなら、きゅうりはとくに新鮮であることにこだわりたい野菜です。そして味の濃いおいしいきゅうりを選びたい。時間がたって味の落ちたきゅうりは、ぬか漬けにしてもおいしさが戻ってくるわけではありません。だからきゅうりの漬けものがおいしいのは、旬の夏だけ。冬のきゅうりは、あまりおすすめできません。

大きさもお好みで。小さかったり、曲がっていたりしても、きゅうりそのものがおいしければ必ずおいしい漬けものになります。ちょっと太いきゅうりも種のところがまたおいしい。

軽く塩でこすってからぬか床に入れるのが基本ですが、そこはぬか床の塩気も考え合わせて判断してください。すでに塩が充分にまわっているぬか床でしたら、あえて塩でこすらずに入れてもいいと思います。

きゅうりは軽く干してからぬか床に入れてもおいしいです。干したきゅうりは、水分が適当に抜けていますから、塩でこすらずにぬか床に入れてＯＫ。

きゅうりは生でよし、干してよしと漬けものの楽しみの多い野菜です。

✚大根

皮をつけたまま、ぬか漬け容器の大きさに合わせて切って入れます。太いものは半分、または四分の一にしてください。白い部分だけでなく、葉っぱもおいしいぬか漬けになります。

大根は軽く干してからぬか床に入れると、独特の歯ごたえに仕上がります。白い部分だけでなく、葉っぱも半日ほど陽に当てて、水分を抜いてから入れてもおいしいです。新鮮なうちに漬けたぬか漬けと、干して漬けたのとでは、まったく別物。みずみずしいものを漬けるとカリカリした歯ごたえですが、干してから漬けるとシャキシャキというか、シコシコというか、また別の感じの食感になって、それを納豆に合わせるのが私は好きなのです。さらにじゃこを加えたりすると満足感のある一品になり、それと玄米ごはんで一食分のごはんが整います。

✚かぶ

私は葉と実を別々に切り分けてから漬けています。もちろん、葉と実を分けずに漬けてもＯＫ。

茎や葉はそのままぬか床に入れます。かぶの葉も少し干してから漬けてもおいしいです。

実のほうはよく洗って土汚れを落として、塩で軽くこすり、大きければ半分か十字に切り込みを入れて漬けます。私は皮をつけたまま漬けていますが、それはお好みで。皮が厚いかぶは、皮をむいて漬けたほうがよさそうです。このあたりは臨機応変に。

✚小松菜

ぬか床友だちから「おいしかった！」と教えてもらって試したら、すぐに私も大好きになってしまった小松菜のぬか漬け。葉物野菜は漬かるのが早く、気温の低い冬場が旬の小松菜はなかなか重宝します。

よく洗って、土をきれいに落とします。水気を切ったあと、軽く塩をして、ぬか床に。野沢菜漬けのような味わいです。

小松菜も軽く干してから漬けてもＯＫです。さらに早く漬かります。

葉物野菜は水分が多く出ます。ぬか床が水っぽくなった時は、ぬかを加えれば大丈夫。

✚ごぼう

ぬか漬けにするなら、新ごぼうと決めています。それはそれはおいしい漬けものになりますから。なぜごぼうではなく、新ごぼうなら、ぬか漬けにしてもいいのか――それは、新ごぼうなら生で食べられるから。これは、ぬか漬けにしたらおいしいかしら?と思った時のものさしなのです。

ごぼうに限らずどんな野菜も、ぬか漬けにしておいしいかどうかは、それは生でおいしく食べられるかどうかで決めています。

✚うり類

徳島の白うり、福井のかわずうり、愛知のかりもり、京うり、そして今では日本中どこでも手に入りますが、沖縄のゴーヤなど、地方に行くと、その地域だけで手に入るさまざまなうりを見つけることができます。知らない土地に行く機会があったら、ぜひとも八百屋の店先をのぞいてみるといいと思います。きっと旬の時期だったら、知らないうりが見つかると思います。

うり類はぬか漬けにぴったり。とてもおいしい漬けものができます。

縦に切って、わたと種を取り、全体を塩でこすり、皮ごとぬか床へ。この皮がおいしいのです。ぜひむかずに漬けてみてください。

ほとんどのうりがぬか漬けにするとおいしいのですが、冬瓜だけはＮＧ。

またズッキーニも日本で売られているものはぶかぶかとして実がゆるいので、あまりおいしくありません。ご自分で栽培されているなどで、新鮮でかたくてきゅうりのようにカリカリしているズッキーニが手に入るなら、ぬか漬けにしてもきっとおいしいと思います。

✚みょうが

夏から秋にかけての香味野菜、みょうがもぬか漬けにするとおいしいものです。

丸ごとをぬか床に入れておけばいいので本当に手軽にできます。好きな漬かり具合で取り出して、縦の四つ切りにしても、小口切りにしても。しっかり漬けてもおいしいのですが、ぬか床に入れて二、三時間後に切ってみると、表面にうっすらとぬかの香りがして、内側はシャキシャキしていて、美味なものです。

もちろん、薬味にしてもOK。いつものみょうがとはひと味違います。ほかに、豚肉と一緒に炒めてもよし。

古漬けにすると見栄えが悪くなりますが、少しだけ残った香りもおいしいので秋の酒肴にはうってつけです。

✚亀戸大根

亀戸大根をご存じですか？　東京の江東区は亀戸で採れる江戸伝統野菜です。梅の花の咲く頃、ほんの数日間しか出回らないので、置いていない八百屋さんも多いかもしれません。真っ白で透き通るように白い長さ二〇センチくらいの小ぶりな大根で、とてもみずみずしく丸みを帯びた大きな葉っぱがついています。

この大根、これはもう、ぬか漬けのためにあるんじゃないかしら、というような大根なのです。しかも葉っぱから根の先まで、全部がとてもおいしく仕上がるのです。運よくこれが手に入ったら、ぜひぬか漬けにして楽しんでください。

✚セロリ

葉から茎まで、どこを漬けてもおいしいのがセロリです。使い残しをお漬けものにするだけでは足りなくて、わざわざぬか漬けのためにセロリを買ってくることもあるくらい。

夏の旬の時期のものを容器の大きさに合わせて切って、塩でこすってから漬けます。私は筋はつけたまま漬けてカリカリした食感を楽しみますが、気になる人は取ったほうがいいでしょう。

✚にんじん

皮はむかずに、細いものなら丸ごと、太いものなら取り出しやすいように縦に切って入れます。たいてい、ほかの料理で一本を使いきれずに、二、三センチ残してしまったものをぬか床にぽんと。大きいまま漬けてもいいのですが、そのぶん、漬け上がるのに時間がかかります。それを生かして、大きいかたまりを少しずつ切っては戻しを繰り返し、二、三日かけて食べるのもいいものです。

✚長いも

長いものぬか漬けはおいしいものです。私は野菜の皮をむかずにぬか漬けにしますが、長いもの場合も同様です。皮をむいたらぬるぬるになるばかりですから、決してむかずに皮ごとぬか床に入れます。

ひげやいぼは軽く包丁を当てて落とします。皮ごと漬けたぬか漬けは皮ごといただきます。もしも気になるようでしたら、食卓に出す時にむけばいいでしょう。

適当な大きさに切ってから漬けるという人もいますが、私は丸ごとを漬けて、さくっとした食感が残っているうちにいただきます。しっかりと漬け込むよりも、やや浅く漬けたもののほうがおいしいと思いますので、早めに上げてどうぞ。

✚キャベツ

キャベツは一枚一枚をはがして入れてもいいのですが、たいてい、そんな面倒なことをせずに、適当な大きさのものを芯がついたまま漬けておきます。ほかの料理で残ったキャベツなども、くるくると巻いて漬けてしまいます。

ぬか床の中にはキャベツだけ、ということはあまりありません。きゅうりとキャベツが漬けてあったり、大根とキャベツが漬けてあったり。一皿に盛りつける時、きゅうりや大根だけでなくキャベツを添えてあると変化がつくのです。

新キャベツのような葉がやわらかいものでも、煮込み料理に使うような葉がしっかりしているものでもおいしくできるので、キャベツは、私がよく漬ける野菜のひとつです。

新鮮なうちに漬ける

しっかりした歯ごたえのある、味の濃い、おいしいぬか漬けを作るためには、新鮮な野菜を使うことが大切です。

ぬか漬けは、いわば保存食のひとつ。そのせいか、時間がたっても使いきれなかった野菜を漬けものにしてしまいがちですが、味の落ちた野菜はぬか床に入れることでおいしくなるわけではありません。なすはなす、きゅうりはきゅうり、大根は大根の味わいを生かすためには新鮮なうちにぬか床へ。お漬けものも料理のひとつ。素材がおいしいうちにぬか床に入れることで、おいしいぬか漬けができるのです。

浅くサラダ感覚で漬ける

「ぬか漬けのいちばんの食べ時は、どのくらい漬けた頃でしょうか?」。こういう質問をよくいただきます。

ぬか床は、塩加減や気温によって日々変化しますし、同じぬか床はふたつとしてありません。それに加えて、浅漬けが好き、しっかり漬けた漬けものが好きなどと、皆さんの好みもさまざまでしょう。あくまでそれぞれの好みの問題ですから、食べ頃はいつかという質問にお答えすることはできないのです。

しっかり漬けるのと、浅くサラダ感覚で食べられるくらいに漬けるのと、そのやり方の違いは、単純に時間のかけ方です。初夏ならば、さっぱりと浅漬け風に食べたくて、朝ぬか床に入れて昼には食卓に出す時もあります。しっかり漬けたものを食べたければ、三日くらい時間をかければいいでしょう。冬なら、丸一日漬けても漬かりが浅く感じられることがあるかもしれません。その日の温度やぬか床の様子で違ってくるので、何日、何時間漬けましょうと言えませんが、そのものさしも次第に自分の感覚でできてくると思います。

しっかり漬けても、さっぱり浅い漬かり具合でも、どちらでもおいしいのがぬか漬けなのです。

よく漬かっているかどうか見分けるには？

ぬか漬けがどのくらい漬かっているかは、野菜の色を見たり、さわったりすればわかります。毎日、ぬか床と付き合っていくうちに、このくらいの漬かり具合で食べるには、いつ入れたからいいかしら、などと、ぬかの状態から逆算できるようにもなります。

例えば大根でしたら、白くて、かたければ、まだ漬かっていません。とはいうものの、大根はもともと生でも食べる野菜ですから、漬かり方が浅くても、それはそれでおいしいものです。わざと、しゃりしゃりした食感を楽しみたいがために、しっかり塩気が入る前に引き上げて、薄く切ってしょうがじょうゆで和えたりするのも、好きないただき方です。

漬けているうちに、次第に野菜の色は茶色みが増し、しなっとやわらかくなってきます。一週間から十日も入れっぱなしにしておくと、さらに塩味や酸味が増してきますが、それはそれでおいしいものです。薄切りにして、水の中でもんで塩出ししてからいただくこともあります。こちらも薄く切ってしょうがと和えて、お茶漬けなどにするとおいしいですよ。

ぬか漬けはいつも臨機応変に。考えすぎるよりも、ともかくやってみるほうがいいのです。

ぬか漬けはどんなふうに食べますか？

ぬか漬けは、そのまま食べるのがいちばんです。

ですが、古漬けは、その塩味をいかして料理の素材にすることがあります。

水につけて塩抜きした古漬けを薄く切って、新鮮なみょうがやおろししょうが、季節の香の物をしょうゆで和えていただくかくやはわが家でもよく作る一品です。

このかくやはお茶漬けや酒の肴に。じんわりと沁みこむようなおいしさですよ。

ほかにも、ひき肉と一緒に炒めたり、チャーハンの具にしたり。よく高菜をチャーハンに入れるでしょう、それと似たような使い方です。同じように、豚肉の炒めものや細切りにしたじゃがいもの炒めものにぬか漬けを加えることも。

また、じゃことぬか漬け、かつおぶしとぬか漬け……の組み合わせもおいしいです。

カレーのお供にいいとも聞きますし、おにぎりや細巻の中に入れるのもいいと思います。


いろいろなぬか漬けの楽しみ方をご紹介していますが、ぬか漬けはぬか漬けとしていただくのが基本。お漬けものって、なぜかごはんをおいしくしてくれるのです。玄米でも白いごはんでも、「ごはんとぬか漬け」というのは最強のコンビ。だからこそ、漬けものは漬けものとして食べたいと思います。

古漬けの塩出しのしかたは？

古漬けを塩出しする時は、水でもみ洗いするだけです。丸ごと浸しても塩出しはできますが、刻んでから浸したほうが早く、しっかり塩出しできます。ちょっと味見をしてみて、ちょうどいい加減になったら、さらしやふきんに包んで、ぎゅっと絞って水気を取ります。しっかりと水分を絞ることがおいしさのコツです。

古漬けの塩気は、抜きすぎるとうまみまで出てしまい、おいしくありません。ほどよく抜くことが大切です。

秘密の食べ方――時にはサンドイッチの具として

もうひとつ、ごはんではなく、パンと合わせる古漬けの楽しみ方を。

古漬けは薄く切ってから塩を抜いておきます。バターを塗った食パンにたっぷりと古漬けをはさみ、ちょっと押さえて全体をなじませ、サンドイッチにします。これだけでも充分においしいのですが、とくにおすすめなのは、そこにしめさばや、時にはしその葉を加えて作るサンドイッチ。これが、とてもおいしいのです。古漬けの味わいがしめさばの酸味によく合います。

しめさばでなくてしめあじ、小鯛の笹漬けなどを使っても美味。プロシュート（生ハム）やチーズを使うのもおすすめの味わい。とくにチーズと古漬けの組み合わせは不思議なくらいのおいしさです。

塩もみきゅうりをたっぷりはさんだサンドイッチは、折につけてよくご紹介してきましたが、それを古漬けで作ってみたら、おいしかったのです。

古漬けは、残ったものを何種類も取りまとめて作ってもいいですし、一種類を使っても。ともかく、その日のぬか床と相談すればよし。しめさばと古漬けの組み合わせは、ごはんが合う和食のイメージですが、それを覆す楽しさもある食べ方です。

プロシュートやチーズに古漬けを合わせたサンドイッチがワインの肴にぴったりなのは言うまでもなくて、年代ものの白ワインとの相性などは抜群なのでおすすめです。

「このサンドイッチの具は何ですか？」と聞かれて、「ぬか漬けの古漬けよ」と答えると、たいてい皆さん、とても驚かれます。

なすを漬ける時は、ぬかをはさんで。

食べる時は、へたの方から先に向かってしごくようにして、しっかり水分を絞ります。

盛りつける時は、
しんなりした葉をくるりと縛ってまとめれば、
このかわいらしさ。
二十日大根はぬか漬けにすることで、ますます赤が冴えわたって。

色や形、
美しく盛りつけましょう。

干し野菜も
ぬか漬けに。

古漬けはぬか床の宝物。
水に浸して塩を出したら、
さらしなどでぎゅっと絞って。
さあ、今日は
どうやって食べましょうか。

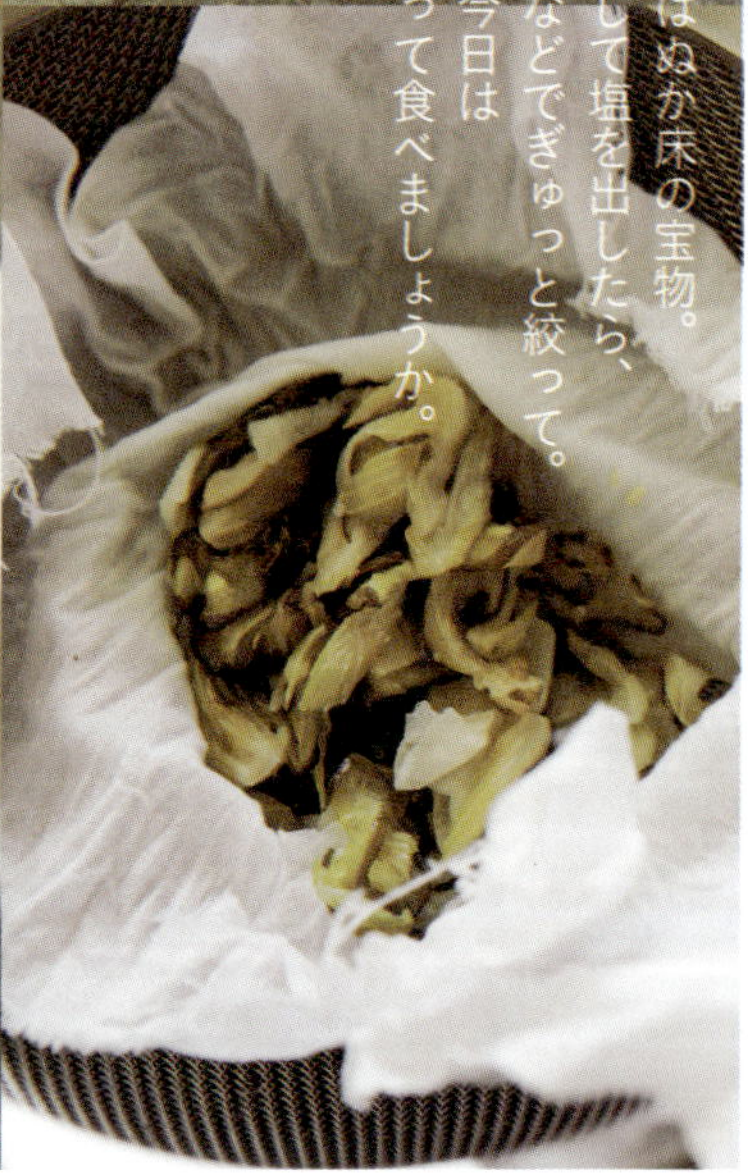

まずはそのままかくやにして。
いろんな種類の古漬けを少しずつ、
薄く切って合わせます。
ごはんの上にのせて、
熱々の焙じ茶でお茶漬けというのも乙なもの。

しめさばや小鯛の笹漬け、
プロシュートやチーズと
古漬けを合わせた
絶品サンドイッチは
美味であるばかりでなく、
断面もこの美しさ。

ぬか漬けを楽しむならば、
容器にもこだわりたい。
シンクの近くを
ぬか床容器の
定位置にしておけば、
かき混ぜ忘れがなくなり、
手を洗ったりするのも
スムーズです。
ぬか床に加える塩は
お揃いの容器に入れて。

「かき混ぜやすさ」にこだわる
容器選びとその置き場所――

ぬか漬け容器のチェックポイント

「毎日かき混ぜること」――それがぬか床との付き合いの基本。さぼらずかき混ぜられれば、もう、ぬか床をきちんと管理できていると言えるのではないでしょうか。かき混ぜることで、ぬか床に空気を行き渡らせます。そうすることでぬか床の中の微生物の働きのバランスがとれるのです。ほんの少しでもかき混ぜるのが嫌だな、面倒だなという具合ですと、そのうち毎日かき混ぜるのが苦痛に。なんの抵抗もなくかき混ぜられる、さらには気持ちよくかき混ぜることができる――そのためにはどんな容器を使うのかは大切なことです。私の考えるよい容器のポイントは、次の三つです。

✚角がないもの

容器に角があると、どうしてもその部分は混ざりにくくなります。ぬか床の容器はある程度の深さが必要ですから、底の角にはますます手が行き届きません。

昔の映画やドラマなどに出てくるぬか床鉢は、たいていこげ茶色の丹波焼きの甕《かめ》。私の実家でも、それと同じ大きな甕を使っていて、私もそれでぬか漬けを作っていた時期があります。かき混ぜやすさからいうと、角の少ないこのような形は理にかなっていますよね。

✚清潔な素材

ぬか床をかき混ぜると、必ず周囲が汚れます。逆に、周囲が汚れないようにかき混ぜているくらいでは、ぬか床にはあまり空気が入りません。空気が入るようにかき混ぜれば必ず汚れるのです。

どんなにぬかが飛び散っても、容器はいつも清潔に保つこと――これがぬか床と上手に付き合っていくコツのひとつです。かき混ぜて汚れたら、きれいにふき取る。容器はきれいにふき取れる素材にこだわりたいものです。

✚冷蔵庫に入り、きゅうりを寝かせて漬けられるサイズ

ぬか漬け容器を選ぶなら、もっともよく漬けられる野菜のひとつであるきゅうりを丸ごと、寝かせて漬けられる長さがほしいです。深さのある容器なら、きゅうりを立てて漬けられる高さが必要。きゅうり一本の長さが収まれば、たいていの野菜が容器に収まります。それよりはみだす野菜は容器の長さに合わせて切ってから漬けます。

容器は大きくて深ければいいとは限りません。夏場や長期の不在の場合は、冷蔵庫に入れることになります。冷蔵庫の中に収まる高さであることも大切なポイントです。先ほど挙げた丹波焼きの甕はとてもいいのですが、冷蔵庫に入れることを考えると、留守がちな私にとっては現実的ではないと思います。

私のぬか漬け容器

かき混ぜやすい形と清潔さをキープできる素材、適当な大きさ――その条件すべてを満たす容器は意外に少ないものです。いい容器が見つからなかった私は、「それなら作ってもらうしかない」と知り合いの陶芸家・高久敏士さんにお願いして、作っていただくことにしました。

高久さんの焼き物は白磁です。白磁の肌は、つるつるしていますから、軽くふけば汚れはすぐに落ちます。白い色も汚れが目立ちますから清潔このうえなし。

きゅうりが一本入る長さを基準にして、それなりの高さがあるもの。そしてかき混ぜやすいように円形ではなく楕円形に作っていただきました。

最初は底からの立ち上がりが直角だったので、冷蔵庫などで出し入れをする際、底に手が入りづらくて、持ちにくかったのです。そこで底に手が入るように、底の立ち上がりにカーブをつけてもらいました。そうすると、持ちやすくなっただけでなく、底の角がなくなったので、さらに混ぜやすくなりました。

でき上がった容器は、シンプルで美しい、白磁のオブジェのようなものになりました。これなら、出したままにしておいても誰もぬか漬け容器だと思わないでしょう。キッチンに置いてみて、もうひとつ、大切な条件がわかりました。ぬか漬け容器は、出したままにしておけるものにする、ということです。人間は目に留まるところにそれがないと、たいてい忘れてしまうものです。つねに出しておいて目に触れれば、忘れることなくかき混ぜることになります。

さらに目につくところに置いてあれば、汚れているのは嫌なので、清潔にキープすることにもつながります。

いろいろな注文をつけてやっとでき上がった私の理想のぬか漬け容器は、いいこと尽くしの白磁の容器ですが、とても高価なのが玉に瑕です。

ほかのぬか漬け容器

白磁よりも手軽に手に入り、使いやすい容器についてお話ししておきましょう。

✚陶器の容器

昔から用いられていた丹波焼きなどの陶器の容器——かき混ぜやすさや扱いやすさを考えると、これは当時の暮らしに合ったぬか漬け容器だと思います。

難点は、容器に高さがあるために冷蔵庫に収めにくいところです。それでも皆が困らずに使いこなせた理由は何かというと、昔の家には冷暗所があり、台所にいつも人がいたからではないでしょうか。毎日、気がついたらすぐにぬか床をかき混ぜることができれば、ぬか床を冷蔵庫に入れる必要はありません。夏のあいだも、朝晩かき混ぜれば、冷蔵庫に入れずに容器は外に出しておくことができます。

さらに、あの頃は甕に虫が入らないように、紙のようなものをかぶせて、ひもでしばり、ふたにしていました。母も、昔の私も、こうしてぬか漬けを作っていましたが、よくこんな手のかかることをしていたのだな、と改めて感心してしまいます。

母のぬか漬けの容器は大きな甕でしたから、二の腕まで入れてかき混ぜていましたっけ。

✚ホーローの容器

ほかによく皆さんが使われるのは、ホーローの容器だと思います。

私もホーローの容器を使っていたことがあります。清潔ですし、見た目も悪くはありません。ただ新しいうちはいいのですが、ちょっとしたことで傷をつけてしまうと、そこからさびてしまうのが困るところです。

ぬか床にはつねにぬかがたっぷり入っていますので、底の部分は見えません。そしてたいてい、傷は底の直角に立ち上がる部分に付きがちです。ホーローの釉薬をかける際に、曲がっている部分はどうしても薄くなるのでしょう。角の部分は傷みやすいようです。

ぬかが入っているので傷を見落としてしまい、どんどん腐食が進み、ついには容器に穴があいてしまった経験、私にもあります。

容器がさびてくると、金気臭くなってきます。それでは漬けものはおいしくできません。ホーロー容器を使っておられる方は、どうぞ、傷をつけずに。ときどき、ぬかを全部出して、傷がないか確認するのを忘れずに。傷さえつかなければホーローはよい容器だと思います。

✚ステンレスの容器

ステンレスの容器はぬか床にはおすすめできません。

塩気や酸味のあるぬかを常時保存しておくのに、金属の容器は向かないのです。ステンレスの容器やボウルはぬかを混ぜたりする時だけにしましょう。ぬか床には用いることはできません。

✚プラスチック容器

以前、私もぬか床に、大きめのプラスチック容器を使っていたことがあります。それを止めてしまったわけは、容器の手触りが好きでなかったのと、使えば使うほどどんどん汚れてしまったからです。プラスチック容器の汚れは、洗って取れるものではないのです。

もともと台所にプラスチック類やビニール類があるのが嫌いなので、ぬか床の容器にもそういう素材は使いたくないと思っています。

ぬか床は手入れをすれば何十年も使い続けることができるものなのに、プラスチック容器は十年も使ったら、おそらく見るのもはばかられるくらい汚いものになってしまうでしょう。できれば、中のぬかに寄り添うように、外側の容器も使えば使うほど味わいの出てくるもの、そうでなければ変わらないものを使いたいです。磁器の肌はいくら使っても変わりませんし、陶器は使えば使うほど味わいが増します。手塩にかけて作るのですから、そういう容器を使わなければ、面白くないと思います。

毎日触って気持ちがいい、見た目もよい、だから楽しい。キッチンに美しいものがあるということは、想像以上に大切なことです。

ふたは必要か？

丹波焼きの甕で漬けものを作っていた頃、木ぶたで封をしていました。今では、同じ素材のふたがありますが、当時はみんな木ぶたを使っていたのです。木ぶたは載せているだけで、虫などが入らないように、ちゃんと紙でふたをしてひもでしばっておきました。

ぬか漬け容器には、しっかりしたふたが必要です。ちょっと載っかっている程度ですと、虫が入ってしまいます。そうでなくてもぬか床は匂いを放ちますから、小バエが飛ぶような季節はとくに気をつけたほうがいいのです。

もしもぬか床の周囲をブンブンと虫が飛んでいたら、残念ですが、そのぬかは捨てざるをえないと思います。

「ふたはないけど、ラップをかけています」――ラップはよほどきちんとしない限り、ふたにはなりません。ぬか床には、しっかりふたのしまる容器を使うに越したことはありません。

ビニール袋のぬか床はどうでしょう？

ぬか漬けを作ってみたいけれども上手にできるかどうかわからないから、最初はジッパーのついている保存袋の中に全部が入っているぬか床セットで試してみたい、とおっしゃる方がいました。

ビニールの保存袋は、手触りや見た目の感じが好きでないので、ぬか床に使ったことはありませんが、ぬか漬けを気軽にスタートできるなら、まずはそれで始めてみたらいいと思います。

ただし、ぬかをかき混ぜたり野菜を出し入れするのは、安定感がないので大変だと思います。それでぬか漬けの楽しさが感じられなくなるくらいなら、途中で容器を改めるか、はじめからきちんとした容器で作ったほうがよさそうです。楽しくないと続きませんし、気のりがしないと、おいしくなくなってきてしまいそうです。

楽しいかどうかは別として、できないわけではないので、迷っているなら、まずはやってみるのがいいと思います。

ぬか床はどこに置いておくのがいいですか？

私は台所の流しのすぐ横に置いています。

ガスレンジの横など、温かくなるところには置きません。日が当たるような所、例えば窓辺などは厳禁。なるべく温度の上がりにくい場所に置くようにします。

おすすめなのが、流しの脇です。

ぬか床をかき混ぜる前と後には必ず手を洗いますが、流しのそばにぬか漬け容器が置いてあると、いちいち行ったり来たりしなくてもいいので便利です。かき混ぜて飛び散ったぬかをかたく絞ったふきんでふき取るのも、流しの脇ならスムーズ。さらに、ときどき、水が入らないようにしながら、容器の外側を底まで水で洗ったりもします。

毎日、ぬか床の手入れを忘れずに、しかもスムーズにできるのは、流しの近くをぬか床の容器の指定席にしているからです。水まわりの近くにあれば、台所仕事の合間にかき混ぜるのも簡単にできますから。

さらに流しの近くは、キッチンでもとても目立つ場所であることも好都合です。目立つ場所にあれば、いつもきれいにしておこうと思うでしょう。美しいインテリアの中に美しい容器があれば気分もいいものですし、そのためには、おのずと、よくかき混ぜたあと汚れをふき取り、清潔にしておきたくなります。

塩壺も近くに

毎日する作業は、自然にできるように、自分で工夫するのが基本。続けるのが難しい時は、何が原因なのかを考えてみます。「ぬか床をかき混ぜられないのはなぜ?」と考えると、いくつか理由を思いつくでしょう。例えば、容器が混ぜにくい、すぐに汚くなってしまうので無意識に触りたくなくなってしまう、容器が遠くにある、あるいは目に入りにくいので忘れてしまう……、人によって多少の違いはあるでしょうが、たいていそんなことが原因だと思います。

ぬか床を続けたければ、それをひとつひとつ解決していけばいいと思います。混ぜにくければ、混ぜやすい角のない容器を使えばいいでしょう。清潔にしておきたければ、簡単に容器をふけて、時には容器ごと洗えれば大丈夫。

そして遠くにあったり、目に入りにくいなら、流しのそばなど、作業の動線にかかるところに置けば自然に作業に入れます。さらに塩も容器の上にあれば、野菜を塩でこする時も、ぬか床の塩分を見る時も、スムーズにできて楽！

わが家ではぬか床用の塩の定位置は、容器の上と決まっています。同じ素材の白磁の壺なので、重ねてあっても気になりません。

とにかく基本は
かき混ぜること——

ぬか床のかき混ぜ方

ぬか床は、ずっとそのままではありません。どんなぬか床でも、中の菌や酵母が生きていれば、どんどん変わっていくのです。いい状態にしておくためには、つねに「混ぜる」こと。ともかく毎日かき混ぜることがおいしいぬか漬け作りのもっとも大切なポイントです。

ぬか床の空気に触れる上の部分だけをかき混ぜる――それではあまり意味がありません。床の底から、全部のぬかに空気が当たるようにかき混ぜます。上と下をひっくり返すみたいに、かたまりをほぐすように。それを一回ではなくて、何度も何度も。しっかり混ぜると、かき混ぜ始めとその後の手触りはまったく違います。その感触の違いを手で覚えていただきたいと思います。かき混ぜたあとは、見た目も違ってきます。「あっ、生き返ってきた」というのがわかるはずです。しっかりかき混ぜると、ぬかがふわっとします。空気が入って生き生きとしてくるのです。

一日最低でも一回、気温の高い時期はできれば一日二回、短時間でもいいから、ていねいにかき混ぜてください。強く速くかき混ぜる人もいれば、やさしくかき混ぜる人もいるでしょう。それはどちらでもかまいませんが、ともかく底から上まで空気を入れかえるように。ぬか床はかき混ぜ方ひとつで、味が変わってきてしまうものです。

いずれにしても、ぬか床の上の、空気と接している部分だけをちょこちょことかき混ぜているだけでは、けっしておいしいぬか床にはなりません。

白い膜のようなものが表面に！

あるとき、容器のふたを取ってみると、一面にふわっと白い膜のようなものができていて驚いた、という話をよく聞きます。白い膜は表面だけで、中のぬかはいつものまま。

その白い膜は、夏場に私のぬか床にもできたことが何度もあります。家にいる時はぬか床を冷蔵庫には入れませんが、暑い夏の日など、容器を外に出しておくと、そうなることがあるのです。

じつはきゅうりの塩漬けでも水の上に同じような白い膜が浮いてきます。きゅうりの塩漬けの場合は、その膜が浮いてこないとおいしくできないと言われていて、暑い日にぬかにかかる白い膜もこれと同じ匂いがしました。

私はその膜を取り除かずに、ぬかと一緒にかき混ぜてしまいます。これは酵母であることが、発酵学者の小泉武夫先生のお話でわかりました（一一〇ページ参照）。

ときどきするぬか床の手入れ

旅行中、ぬか床を一週間ほど冷蔵庫に入れたままにしていた時、あるいは、ぬかは生きているのですが、なんとなく元気がないような時、そんな時は特別な手入れをします。

ぬか床のぬかを全部、大きいボウルにあけて、底から、大きく手でかき出すようにして混ぜるのです。そのついでに容器もきれいに洗って、しっかり水気をふき取ってから、ぬかを戻します。

容器を丸ごと洗っておけば清潔ですし、ぬか床もどこかさっぱりするような気がして、私まで気分がよくなります。この手入れはしてあげればあげるほど、ぬか床がおいしくなるのです。深い容器や四角い容器は、かき混ぜ足りない部分があると思うので、とくにおすすめです。この特別な手入れは、たまにちょっと体に特別なお手入れをするとか、お家の大掃除をするのに似ています。

ぬか床に何かが起こったら

「表面が黒ずんできた」、「いい匂いがしない」など、ぬか床の悩みはさまざまです。今までと違うぬか床になってしまったら、ぬかを少しつまんで食べてみてください。口に入れてみて、いつものぬかの味がしたら、しっかりかき混ぜながら、続けてみていいでしょう。中は大丈夫そうだけど、表面の黒い部分だけダメかも？――そうだったら、黒い部分を捨てれば続けられるかもしれません。

ぬか漬け作りをしていくと、状況を自分で見極めて、手立てを考える力が必要になります。「誰かに聞いてみよう」、「インターネットで調べてみよう」ではなくて、わからないから自分の五感を総動員して——舌で感じて、匂いをかいで、触って、見て……判断する。はじめはよくわからなくて失敗することもあるかもしれませんが、すぐにどうすればいいか正しい判断ができるようになるはずです。

ふたを開けた時にふっと匂う、ぬか床ならではの香り。その感覚はじつはとても大切で、それが不快な臭いに感じられたら、たぶんそのぬか床はダメでしょう。二週間の不在中、冷蔵庫に入れたままになっていたけど、開けてみたら、いつもの匂いだった。それなら大丈夫ですから、また自信を持ってかき混ぜて漬けることができます。

ぬか床に限らず、台所ではちょっとした匂いや口に入れた時の最初の味で、ダメなものとダメじゃないものとを見分ける力が必要です。いつまでも傷まず、匂いの薄い工業製品のようなものばかり食べているとその感覚が養われません。自然のものは傷むと危ないとわかる臭いが出ます。それこそが健全なのだと思います。

ぬか床とのお付き合いは
「自由」に。
正解は試行錯誤で見つけること。
その方が面白いでしょう――

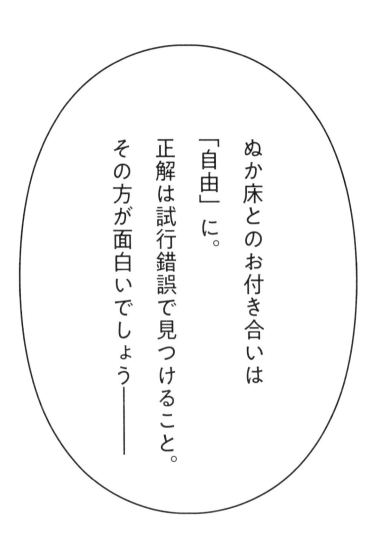

ぬか床がかたいかどうか

水分が多くてやわらかいぬか床は悪い菌が増えそう――そう言って、ぬか床をかたく作る方がいます。その一方、かたいぬか床は発酵が進まないのでおいしくないわ、とおっしゃる方もいます。

ぬか床の水分量はどのくらいがいいのですか？　これもよく受ける質問です。

野菜を漬けていると、ぬか床のかたさも毎日変わってきます。新鮮でみずみずしいきゅうりを一本入れただけでぬか床の水分量は変わりますから、どのくらいの感じで漬けたらおいしいのか、自分なりの目安を作っておくのはいいことだと思います。ちょうどいい水分の加減と言っても、それをお伝えするのは難しいお話です。

ぬか床は日々変化しますし、季節によって発酵のしやすさなどは異なりますから、水の加減やぬか床のかたさには正解があってないようなものです。これは結局、自分自身の手の感触で覚えるのがいちばんなのです。

私の場合は、ぬか床はあまりかたくしません。かたいとかき混ぜにくいからです。

手を入れて触ってみると、ふわっとしてやわらかく、気持ちよく中に手が入っていく、そのくらいにキープするようにしています。

例えば、きゅうり一本を漬けるなら、横にして上から押さえればすーっとぬかに入っていくくらいのかたさ。くぼみを作って埋めたり、力を入れて押し込まなければならないなら、私の感覚ではかたいと感じます。

ぬか床がかたい時は、みずみずしい野菜を漬けていれば、その水分で自然とぬか床はやわらかくなってきます。とくに葉物の野菜を漬けると、すぐにぬか床はやわらかくなります。また、水を加えてゆるめてもいいのです。

ぬか床の水気を取る方法

前にも書いたとおり、ぬか床の水分が多すぎる時には、乾物の大豆を入れておきます。大豆は煎っても煎らなくても、どちらでも大丈夫。乾燥した大豆がぬか床の水分を吸ってくれます。

ぬか床に穴を開けておくのもよくする方法です。ひと晩ほど置くと、穴の中に水が溜まっていますから、それをお玉やスプーンですくい取りましょう。さらに足しぬかをしておけば、すぐに好みのかたさになります。

足しぬかする方法

足しぬかとは、読んで字のごとく、ぬかをぬか床に加えることです。例えば、ぬか床が水っぽくなったら、ぬかを一、二つかみ加えます。この時、いっしょに塩も加えます。ぬか床のぬかが減ってきた時にも、同じように足しぬかをします。

足しぬかする時の塩の量というのは、なかなか教えにくいのです。それぞれの持っているぬか床の塩分が充分な場合とそうでない場合では、加える塩の量も変わってきます。ぬかを足してよくかき混ぜたら、ちょっと味見をして、いつもの好きな塩の加減にしておけばいいと思います。多少、塩がきつくなっても、野菜を漬けているうちになじんできますから心配ありません。

足しぬかをして少し塩を足したばかりのぬか床は、味も香りもあっさりしたものです。日にちがたつと、少しずつ酸味が出てきて、日に日に変わってくるでしょう。二、三日もしたらぜんぜん違うぬか床に生まれ変わります。

塩加減にしても、酸味にしても、水分量にしても、ぬか床の様子は毎日変わるので、「これが正解です」というのがありません。おいしくできれば、すべてが正解です。言ってみれば、ぬか床は1＋1＝2になる世界ではないということですね。2になったり3になったり、時には5になったり。ぬか床の状況によって、分刻みで驚くくらい変化しているのです。

ぬかはとてもシンプル、けれどもちょっとしたことで毎日変わっていくから、とても面白いのです。

ぬかの酸味が強い

直感的にぬかが変になっているようには思えない、傷んだぬかだとは思えないのだけれど、酸味が強いと感じたなら、そのぬか床は発酵しすぎているのかもしれません。そういう時は、塩やぬかを加え、少しかたくするといいようです。また、ぬか床を冷蔵庫に入れて休ませましょう。

そして、容器からぬかを出して、大きなボウルで混ぜます。

塩分が強い

塩分が強くなってしまったら、ぬかを足してみましょう。それでも気になるようでしたら、水のたくさん出るきゅうりや葉物の野菜と新しいぬかを少しずつ加えて、ならしていきます。急いで取り出す必要のない残り野菜を入れてもいいでしょう。塩気が強くなりすぎたからと言って、がっかりしなくても大丈夫。二、三日もすれば、ぬか床の調子は必ず変わります。

ぬか床スタートのベストシーズン

ぬか床を始めるなら、おすすめは初夏の頃。本格的な暑さがやってくる少し前は、ぬかの発酵状態がとてもいいのです。暑くもなく寒くもない、私たちも一年でもっとも快適だと感じる季節は、ぬか床の微生物も気持ちがいいのでしょう。
また初夏には、ぬか床に入れるとおいしい野菜が、八百屋さんの店先をにぎわします。

つまりこの季節がぬか床にとってはベストシーズン。真冬にぬか床を始めるのは、できないわけではありませんが、発酵が進みにくいのです。漬けものができるまでに時間がかかりますし、いつも暖かい部屋ならともかく、寒いと手入れをしてもあまり変化が見られません。そして、はじめてぬか漬けを作るなら、旬の野菜でおいしい漬けものを作っていただきたいと思います。今では冬でもなすやきゅうりが簡単に手に入りますが、旬を外した勢いのない野菜で作ったぬか漬けを食べて、「ぬか漬けってたいしておいしくない」と思われてしまったら、それこそ残念です。

おいしいぬか漬けが食べる前にできてしまった？

とくに夏場など、朝、漬けてお昼に食べようと思った漬けものを食べそびれてしまった、ということがよくあります。その場合は、ぬか床ごと、冷蔵庫で冷やしてください。こうすると発酵がゆるやかになりますから、おいしさをキープできます。まったく発酵が止まるわけではありませんが、そのまま発酵が進んで古漬けになってしまうことはありません。

冬のぬか床

気温の低い時期は、野菜が漬かるのにも時間がかかります。冬は菌の活動も活発ではありませんが、することはいつもと同じ。よくかき混ぜて、そして清潔に。

ぬか床の中でおいしい漬けものを作るさまざまな微生物は、人間が過ごせる気温なら、同じように生きていられるのではないでしょうか。私はそうイメージしています。だから多少寒いところに置いても、死滅してしまうことはないだろう、と。

とはいうものの、活発に働くかどうかは温度に左右されるようで、冬の漬けもの作りは、夏よりも時間がかかります。例えばきゅうりの場合、夏場は朝にぬか床に入れると昼にはもう漬かっている、ということがありますが、冬場は二日くらいかかるというように。ですから、私はやってみたことがありませんが、厳冬の時期に限り少し暖かい場所に置くというのもいいのかもしれません。そもそも冬にきゅうりは食べないほうがよいでしょうが。

寒い季節は、人も思わず縮こまってしまうように、菌も静かにしているようです。しかし、まったく動いていないわけではありません。春や夏と比べると時間がかかるだけです。

この時期においしい大根やにんじん、葉物野菜なら小松菜などをぬか床に入れて、「明日はまだ早いかな、明後日ならしっかり漬かっているかな……？」と首を長くして待つのもいいものです。

長期不在をする時は

長期に家を空ける時、ぬか漬け容器は冷蔵庫に入れて出発します。ひと月程度の不在なら、この方法で大丈夫。

以前は塩を多めにしていたこともありましたが、そうすると、帰ってきてからもとの塩加減に戻すのがたいへんです。ふだんの手入れができなければ、そのまま冷蔵保存しておくのがいちばん、と今ではそうしています。

この時、冷蔵庫のぬか床には何かしらの野菜を漬けておきます。帰ってきた時、おいしいお漬けものが食卓に並ぶのはうれしいことです。

ぬか漬けの手入れを再開したら、折を見て、大きなボウルにぬかを全部出して、充分に空気が入るようにかき混ぜれば（一〇〇ページ参照）さらによいでしょう。

わが家のぬか床は、始めてから半世紀ほど。ずっと昔から、かき混ぜ、手をかけ、現在のぬか床になっています。長期不在にするからといってやめてしまったことはなくて、冷蔵庫でも保存が可能だと知る前は、家を空ける時はいつも娘や知り合いに預けていたものです。

三人寄れば……

「私もぬか漬けを作っているわ！」という言葉は魔法の言葉になることがあります。ぬか漬け好き同士が語り合う楽しさは、ぬか漬けを作ったことがない人には理解できないかもしれませんね。

わが家には、ときどき、ぬか漬けを作っている人が、ぬか漬け容器を持ち寄って集まります。さて、何が始まるかというと……。大きなボウルの中に全部のぬか床を入れて、盛大に混ぜ合わせます。混ぜ合わせたぬかは、再び容器に戻され、それぞれが持ち帰るのです。

なにやら不思議な儀式のようですが、こうすると、ぬか漬けがとてもとてもおいしくなるのです。ぜひ試してみてください。

なるべく深いところに漬ける

きゅうりでも、大根でも、野菜を漬ける時は、なるべくぬか床の深いところに入れましょう。取り出そうとするだけで奥まで手が入るので、おのずとぬかの上下が混ざります。

ぬか床は時間がたっているものがいい？

新しいぬか床よりも、何年も使っているぬか床のほうが絶対においしいかというと、一概にそうとは言えません。新しいぬか床でも、ちゃんと毎日手入れをしておいしくなってきたものと、長年やっているけれど、手入れが行き届いていないものとでは、比べようがないからです。

ぬか床のよさは、長年続いているものかどうかではなくて、手を抜かずに手入れができているかどうかの問題です。

きちんと手入れされていて、何年も保っているぬか床のお漬けものがおいしいのは言うまでもありません。ただ、命だけつなげているのではなくて、元気なぬか床でなければダメなのです。そのためには、かき混ぜて清潔にしておく日々のメンテナンスが必要。これは人間でも、車でも同じですよね。

続けられなければ
気にせずやめればいい——

本当にそのぬか床はいりますか？

ぬか床のトラブルの多くは、カビがはえた、おいしさを損なうような臭いがする、というものです。けれども、毎日、ぬか床をかき混ぜていれば、このようなトラブルに見舞われることもないでしょうし、誰かにどうすればいいのか聞く前に、たいていのトラブルは解決できてしまうでしょう。そのくらいぬか床にとっては「かき混ぜる」というのが大切なことなのです。

では、どうすれば、ぬか床を毎日かき混ぜ続けることができるのでしょうか？　いろいろな答えがあると思いますが、もっとも基本的なことは、「ぬか漬けを頻繁に食べる」ということでしょう。

あなたは、自分が漬けているぬか漬けをよく食べていますか？　暮らしの中にお漬けものがあるのがふつう、という人なら、きっとぬか床が臭くなることはないと思います。日々、かき混ぜていればたいていの問題は解決してしまうのがぬか床です。毎日かき混ぜるためには、毎日、そこから漬けものを出す機会がある、というのがいちばん。

ぬか漬けはあまり食べないけれど、やってみたいという軽い気持ちで始めたという方は、おそらく、はじめはかき混ぜることができても、結局、どこかでそれが続けられなくなるのではないかと思います。それなら、その人の生活にはぬか床は必要ないのでしょう。

毎日お漬けものを食べる人は、毎日ぬか床に手を入れますから、毎日かき混ぜられるのです。ぬか床を始める前に、本当にそのぬか床が必要かどうか、そしてお漬けものを食べる生活に変えられるかどうか、考えることも大切です。

もしもあなたのぬか床がダメになってしまったら、それは扱い方が悪かったというよりも、あなたの暮らしにはぬか漬けが必要なかったのかもしれません。

ダメになってもいい、気楽に始めればいい

ぬか漬けを試してみたらおいしくて、面白くて、結果的に自然と続いちゃった、これが理想の漬けものとの付き合い方だと思います。何をするにつけ、「ねばならぬ」とか「こうしなくてはならない」ということに良い結果がついてくることはありません。

ぬか漬けだって同じです。「かき混ぜなければならない」、「保存のためにしなければならない」と考えること自体が、いつのまにか苦痛に変わりがちです。忙しすぎてできない、食べないからできない、それならば、無理なんてする必要はなく、いつか暮らしの形が変わったら、始めればいいのだと思います。

漬けものに限らず、「ねばならない」と思って作った料理がおいしくできるはずはありません。作ることに喜びや楽しみが見いだせれば、それは一生続けられるでしょう。

ぬか漬け作りを長く続けていると、
たとえ何かが起きても、
今までの経験と勘で
解決することができます。
とはいうものの、
実際にぬか床の中では
何が起きているのか、
そして、ぬかも日本の米文化と
つながっているのかどうかなど、
知りたいことがむくむくと頭をもたげてきました。
このような「なぜだろう？」を
専門家に教えていただきたくて、発酵学者であり、
日本各地の食文化に通じていらっしゃる
小泉武夫先生を、研究室にお訪ねしました。

対談

有元葉子、発酵学者・小泉武夫の研究室を訪ねる。

ぬかはなんて言ったって、米でいちばん栄養があるんだ

小泉　なんて言ったって、米の中でいちばん栄養があるところは、米のまわりについているぬかなんです。たんぱく質は米の表面のほうに多いのです。それを精米していくと、だんだんでんぷん価が高くなっていきます。ぬかというのは、お米の表面を削ってとるものですが、中でも「赤ぬか」というのが、ぬか漬けに用いられるふつうのぬかです。玄米を一〇〇とすると、そのうちいちばん表面の五くらいが「赤ぬか」です。その次にとれる、少し色の薄いぬかが「中ぬか」。いちばん最後が「白ぬか」です。私は造り酒屋の息子なので、小さい頃から精米場に入り込み、「赤ぬかはここまでだ、白ぬかが出るようになったら精米機を止めろ！」なんていうふうに作業をしていたのを脇で見ていました。

赤ぬかには、とても栄養があります。筆頭がたんぱく質。赤ぬかはたんぱく質のかたまりと言っていいでしょう。そしてミネラル。米のミネラルは、ほとんどが赤ぬか由来です。ミネラルの中でいちばん多いのがカリウムです。それからカルシウム、マ

グネシウム、マンガン、鉄、銅、ニッケル、アルミニウム……本当に重要なミネラルが赤ぬかには入っている。精米して白米になってしまうと、そこにはほとんどミネラルはないともいえます。さらに、ぬかにはご存じのようにビタミン類が含まれます。ビタミンB_1、B_2、B_6、パントテン酸、ナイアシン、ビオチン……これらがみんな入っているのですからすごいですよ。

ですから、栄養学的にいちばん良質なところを精米機で削って、いちばん栄養価の乏しい、でんぷんの多い部分を現代のわれわれは主食にしているということになるんですね。

なぜ、ぬか床であんなに発酵するかというと、それは、発酵する微生物の栄養がみんなぬかに入っているからです。ですから、ぬかというのは理想的な漬け床ですね。日本には他にも、みそやかすなどさまざまな漬け床がありますが、やっぱりぬか床がいちばん栄養を持ち、漬けものを発酵させる菌にとって快適な場所なのでしょう。

そして、漬けものを発酵させる菌はいくつかあるのですが、その主なもののひとつが耐塩性乳酸菌です。乳酸菌にもいろいろありますが、塩に抵抗力のある乳酸菌。ぬか漬けには必ず塩を加えるでしょう、塩があると増殖しない乳酸菌もありますが、ぬか床で発酵する乳酸菌は、みんな耐塩性乳酸菌です。

もしも塩を入れなければ、そのぬか床は腐ってしまいます。ぬか床をダメにしてしまう腐敗菌は塩に弱いのです。だから、塩を加えれば腐敗菌は来なくなる。ぬか漬けには必ず塩を加えるのはこのせいです。これは、漬けものの鉄則ですね。

有元　ああ、それで塩を入れるんですね。

小泉　ピックルスなどを除くと、塩を使わずに発酵させて作る漬けものは、今では世界にひとつしかありません。長野県の木曾福島で作られている「すんき」という漬けものです。湯に通した赤かぶを、塩を使わず、乳酸菌が作る強烈な乳酸の力で発酵させます。腐敗菌は、酸味が強いところ、つまりＰＨの低い酸性のところにも来ないのです。

日本がなぜ、このような漬けもの王国になったか、その理由の一つめが、周囲が海で塩がとれること。二つめは、さまざまな野菜がとれるので漬ける素材が多いこと。野菜だけでなくて、魚も漬けますから。三つめに、日本には気候風土上、耐塩性の菌が非常に多いのです。だからこそ漬けものが非常によく漬かるんですね。

有元　日本に生まれてよかったです。おいしい漬けものも食べられますし。

小泉　ぬか漬けに限らず、かす漬け、みそ漬け、しょうゆ漬け、たまり漬け、みりん漬けなどさまざまな漬けものがありますが、やっぱり日本人として、いちばん喜ばれるのはぬか漬けでしょうね。これは連続発酵と言ってね、漬け床ができたら、あとは補給しながら、ずーっと続けることのできる漬けものです。

私の知り合いの大分のおばあちゃんは、四十年、五十年もののぬか床を持っています。それよりももっとすごいのは、明治時代の曾おばあちゃんのぬか床をぬかを足しては使い、足しては使いしている人がいる。ぬか床とはそういうものなんですよ。

昔は、火種と漬け床を隣の家に借りにいく嫁はできていないと言われた。ぬか床の管理ができないのは恥ずかしいことだったんです。さらに、「火事だ！」となった時、商人は金庫を持って逃げる、農家はぬか床を持って逃げる、という言い伝えがあります。そのくらい「なければ大変だ」ということですから、ぬかみそはたいしたものです。

有元　私のぬかも元を辿れば母の代のものですから、もう半世紀以上も前のものを、いまだに手を入れて継いでいるんですね。

けれども最近では、親のぬか床を継いでいない人がとても多いです。

小泉　そうですね。ただ最近、すごくいい傾向がありましてね、若い人たちにぬか漬けを作る人が増えてきました。聞いてみると、作りだすと面白いとみんな言うんだ。そして、あの味が忘れられなくなってくるって。こういう和食のすばらしい世界が日本でも復活するといいですね。

ぬかの発酵でたんぱく質がアミノ酸に変わるから、おいしくなる

小泉　ところで、ぬかを継いでいくというのは、いい言葉ですね。なぜなら、ぬかの乳酸菌はその家の乳酸菌になるからです。乳酸菌というのは自然から降りてきますからね。そういうのを家付き乳酸菌というのですよ。

有元　それはどういうことですか？

小泉　乳酸菌はぬかの中にいるだけでなく、空気中にもいるのです。乳酸菌の大きさ

は、一ミリメートルの約二千分の一ですから、顕微鏡がなければ見えません。けれども、もしも私たちが電子顕微鏡のような目を持っていたら、皆さんの顔も私の顔もバクテリアだらけなのが見えますよ。人間の大人で約四兆の乳酸菌が付いていると言いますから。

長い間、ぬか漬けを続けてきた家では、かき混ぜる時にぬかが飛んだりすることで、乳酸菌が家の壁や床に付いていています。それが家付き乳酸菌です。長いこと生きてきた家付き乳酸菌があるような台所のぬか漬けは、おいしいと言われています。

ちなみに、ぬかみそ一グラムに含まれる乳酸菌は二億くらいです。ものすごい数の乳酸菌が増殖してぬかを発酵させ、ぬかが発酵すると成分が分解される。そうするとたんぱく質が分解されてアミノ酸になるから、おいしくなるんです。

有元　春から夏にかけては気持ちのよいシーズンですが、ぬか床もとてもいい状態になってきます。人間が居心地のよい環境だと、ぬか床も気持ちがいいのですか？　人間にとっての寒すぎたり暑すぎたりするのは、ぬか床の乳酸菌にとってもよくないのでしょうか？

小泉　ぬか床のためにいちばんいいのは、乳酸菌がちょうどよく発酵する温度（二〇〜二五度程度）ですが、夏場のように暑くなりすぎると乳酸菌が発酵しすぎるとともに、空気中から雑菌が入ってくる可能性も高くなります。寒すぎても乳酸菌が縮こまってしまい、あんまりよくないのですが、ぬかみそ一グラムの中の乳酸菌が一・五億くらいに増えてくると低温でもゆっくり発酵が進むようになるので、冷蔵庫の中でぬかみそを発酵させている方がいいですよ。

有元　ぬか床の調子がいちばんいい、と思える時に、私は塩じゃけの辛いものの頭をこんがり焼いて入れるんです。そうすると、二、三日で骨まですっかりなくなってしまいます。そしてぬか床がすごくおいしくなるのです。これは何が起こっているのでしょうか？

小泉　骨が溶けてしまうのは、乳酸カルシウムになってしまうからです。魚のカルシウムというのは無機カルシウムです。ぬかの乳酸菌は発酵すると乳酸を作ります。この乳酸と骨のカルシウムがくっついて乳酸カルシウムという物質に変わるのですが、それが「溶けてしまう」ということです。

魚醤作りでも同じです。乳酸菌が発酵すると、魚がきれいに溶けてしまいます。

有元　魚醤も同じなのですね。

小泉　それも発酵の力ですよ。これにより乳酸が中和するので味に丸みが出てきます。ぬか床にしゃけの頭のよく焼いたものを入れれば、さらに塩じゃけのうまみとあいまって、そのぬか床は急激においしくなるでしょうね。

有元　はい、その日からおいしくなるのです。なぜかはわからないけれど、とにかくおいしくなるからやっているんです。

ところで、ぬか床を冷凍してしまった人がいるのですが、乳酸菌は、マイナス何度くらいまで、生きているんですか？

小泉　冷たいのはマイナス何度でも大丈夫です。だから冷凍はぬか床のいい保存方法なんです。手を掛けられないなら、冷凍しておくのがいちばんいい。今、乳酸菌でも酵母でも、人間の精子だって、凍結乾燥して、マイナス八〇度くらいで保存していますからね。

有機農法のぬかはやっぱりミネラルリッチですよ

有元　私は、ぬかは精米したてのものがほしいので、お米屋さんにお願いするのですが、これには値段がついていないのですね。ぬかってすばらしいものだし、お米屋さんのぬかはとてもよいものなので、値段をつけてもいい、と思うのです。スーパーで売られている煎りぬかやぬか床セットには値段がついていますが、お米屋さんのぬかは無料《ただ》だというのは、ありがたいけれど、なんだか変。もっとぬかを見直したいと思うのです。

小泉　そうですね。スーパーなどで売っている煎りぬかと、お米屋さんが無料でくれる生のぬかはまったく違うものです。まず水分量がぜんぜん違う。煎りぬかは熱が加わるので、ぬかの中の微生物は殺されます。けれども香ばしさは出てきます。その違いはあります。

有元　煎りぬかでも、多少は菌は活きているんですね？

小泉　もちろん、もちろん。

有元　化学肥料を使ったお米と、有機農法で育てたお米とでは、ぬかの質も違いますか？

小泉　それはぜんぜん違うのではないでしょうか。お米の成分を考えても、有機農法のほうがミネラルリッチですから、とてもおいしいぬかができます。

植物の三大栄養素とは、窒素・リン酸・カリ（硫安・リン酸カリウム）で、化学肥料はそれをバランスよく配合したものです。水田に硫安とリン酸カリウムを主成分とする化学肥料を撒けば、それで米は収穫できます。けれども植物に必要な栄養は硫安とリン酸カリウムに限られているわけではなく、すべてのミネラルです。ミネラルを吸収して実をつけるのです。

一方、有機農法で用いるコンポスト（堆肥）は、稲藁、麦藁、もみ藁、落ち葉、あるいは生ゴミなど、そういうものを全部一か所に集めて発酵させて作ります。材料になっているのはすべて有機物だったもので、もとは生きていたものです。それが微生物によって発酵されることにより、有機物は分解され、無機物に変わります。

土の中に堆肥などの有機物を入れると、土壌微生物が有機物をみんな食べてしまい、残るのはミネラル、すなわちそれが土です。

山に行ってごらんなさい。葉っぱが紅葉して落ちるでしょう、あの葉っぱは全部土になってしまうでしょう。地面に落ちた葉は、いちばん上のものはさらさらしている、去年のものはその下で少ししっとりしている、その前のものはぼろぼろになっている、さらにその下は土になっている――これはね、みんな土壌微生物が葉っぱの有機物を食べてしまったからなのです。こうした土が含んでいるのがミネラルです。

有機農法の場合、そのミネラルを食べて稲は育ちます。堆肥の中には、四十種類以上のミネラルが含まれます。カリウムもある、カルシウムもある、リンもマンガンもスズも鉄もニッケルも……みんな入っているわけだから、それを吸収してじっくりと育った有機農法の米のほうがはるかにおいしい。三種類のミネラルだけしか食べずに育った米とは比べものになりません。そんな米からとれるぬかも同じです。これは米に限らない、トマトだってなんだってそうですよ。

土作りから始めている農家さんがいますが、それは本当に正しいことです。農業の原点というのは、土作りなんですよ。それが面倒くさいからと、化学肥料を使うなど手をかけずに済まそうと考えるから、なかなかいいものができない。いいものが作れないから、農産物は安くなってしまい、農家は収入を得にくくなる。けれども有機農法をやっている農家はみんな潤っていますよ。土作りは農業の原点、農業の心です。

ぬか床は、なぜ、毎日かき混ぜないといけないのですか？

小泉　おいしいぬか床というのは、スムーズに発酵するぬか床のことです。ただ、「ああ、この中で漬けたぬか漬けはいいな」という理想的なぬかは、容易に作れそうに見えますが、じつはそれほど簡単じゃない。ぬかは生きものだから、教科書どおりにはいきません。経験と勘が必要なのが発酵です。

こう考えると、やっぱり発酵菌というのは、正直なんですよ。

ぬか床にこれ以上続けられないような問題が起きたとしたら、たいていそれは雑菌のせいでしょうね。ただ問題の原因は雑菌にあるのではなくて、ちゃんとぬか床を管理しなかった人間のほうにあるのです。きちんと管理していれば、つねにおいしい漬けものができるのですから。問題が起きる時は、たいてい、塩の量が適切でなかった、とても不潔なところで作ってしまった、など人間が招いたことが原因です。基本的なところがどこかおかしいと、ぬか床もどこかおかしくなるものです。

有元　やったようになるということなのですね。ところで、ぬか床は毎日かき混ぜるのですが、なぜかき混ぜないといけないのですか？

小泉　じつは、ぬか床の中にたくさんいるのは乳酸菌だけではないのです。耐塩性の酵母も多いのです。その酵母は空気を好む好気性菌です。ぬか床をかき回すとぬかの中に空気が入るでしょう。それによって好気性菌である酵母は活発になります。一方、乳酸菌は嫌気性菌です。そのまま置いておくと、空気に触れないぬかの中では乳酸菌が発酵していきます。この酵母と乳酸菌の両方を元気にするために、しっかりかき回さないといけないのです。かき混ぜないと乳酸菌ばかりが増殖しますから、ぬかがすっぱくなってしまいます。

有元　かき混ぜるといい塩梅になるんですね。

小泉　そうです、微生物学的に言うと、乳酸菌と酵母を交互に上手に発酵させているということ。ぬか床にいる酵母はぬか漬けの匂いを作っています。さらに少しですがアルコールも作るのです。

有元　それで漬けものからはアルコールの匂いがするんですね。なぜかき混ぜなければならないか、よくわかりました。

暑い日などは、朝にかき混ぜても夜に見ると、表面にうっすらと白い膜のようなものが出ていることがあります。あれはカビですか？

小泉　いや、カビではなくて、それは産膜酵母という酵母です。

有元　ああ、そうか。酵母なんですね。では、暑くなると酵母も増えるのですか？

小泉　暑い時は酵母も増えますが、乳酸菌も増えます。五〇度になるなど、あまりにも高温になると酵母の活動も止まってしまいます。夏に、暑いところに置いて、表面に産膜酵母が増殖してしまうよりも、夏場はそれほど暑くならない冷蔵庫の中などに入れたほうが、愛情だと言えますよね。

有元　でも、白い膜ができただけで、捨てられてしまうぬか床もあるみたいです。

じつは、私のぬか床にも白い膜ができることがありますが、取らずに、全部混ぜ込んでしまいます。そうすると収まります。

小泉　白い膜ができたら、ぬかは捨てないで、よくかき混ぜて冷蔵庫に入れればいいです。それで休ませればいいのですよ。捨てたりしなくてもいいのです。

絶品で、どうにも食欲が止まりませんね、これは

小泉　ぬか漬けはどのくらいの大きさの容器で作っているのですか？

有元　私は一人暮らしなので、簡単に持ち運びでき、冷蔵庫に入るくらいのサイズです。昔はもっと大きい器で漬けていましたけれども。

漬けものと言えば古漬けっておいしいでしょう？　古漬けは最高です！

小泉　ぬか漬けの古漬けはいいですね。ぼくは古漬けだったら奈良漬けが好きだね。本当の奈良の造り酒屋が送ってくれる三年ものの真っ黒な奈良漬けの古漬け。それがシャリシャリ、カリカリしていて、すごい奈良漬けですよ。

有元　私は、ぬか床に青い実山椒をいっぱい入れるんですけど……

小泉　それはいやだなあ……、よく山椒の実が入ったつくだ煮がありますよね。山椒の実を口の中に入れてかむと、ぴりぴりひりひりして、おいしさを忘れてしまいます。あれはダメだな。

有元　私は大好き。ぴりぴりよりも山椒の香りが清々しいですよ。

小泉　香りですか。それならわかるけど。いろんなぬか床があるんですね。

ところで、魚は漬けていないのですか？

有元　魚は漬けていません。もしも作るなら、たぶん野菜と別々にしなければならないでしょうね。魚を漬けるなら塩気ももっと強くしたほうがよいでしょうか？

小泉　そうですね。魚は動物性たんぱく質ですから、腐敗しないようにぬか床には塩をたくさん入れます。一方、野菜を漬けると、ぬかの塩分で水が出て、ぬか床がゆるみますから塩もほどほどにしないといけない。ですから魚と野菜は一緒にはできないでしょうね。塩が少ないと魚が腐敗する可能性があります。

有元　そうなのですね。

小泉　ぬか床にさばやいわしを入れて、充分に発酵したら、それをぬかごと煮る郷土料理があります。こんか漬けとかぬか炊きとか言って、とても有名なものですよ。ぬかのストレートなおいしさが、魚のうまみをジュワンと全部吸い取って、絶品。どうにも食欲が止まりませんね、これは。

有元　こんか漬け、食べたことがありませんが、想像できます（笑）。

小泉　ぬかをそのまま炊いてぬかごと食べるというのは、このこんか漬けくらいかな。とてもおいしいものですね。

有元　これは、その地方では、ふつうの家庭で作っているのですか？

小泉　昔はふつうの家でも作っていたんだけど、今はお店で作ったものが売られています。

　もうひとつ、ぬか漬けで不思議なのが、ふぐの卵巣のぬか漬けです。ふぐの卵巣にはテトロドトキシンというたいへんな猛毒があるのです。その毒性は青酸カリの五〇〇〜一〇〇〇倍。四十年以上も前ですが、歌舞伎俳優の坂東三津五郎さんがふぐを食べて、一晩で亡くなってしまいましたよね。その猛毒のふぐの卵巣を、ぬかが入った木桶の中に入れて発酵させます。卵巣の毒が抜けてくると、木桶が赤く染まるという、とても神秘的なぬか漬けなんだ。この毒抜きにはもちろん秘伝がありますので、真似をしてはいけませんが。

ぬかの中の乳酸菌が、卵巣の膜の傷の部分から入り込み、テトロドトキシンを分解してしまう。これを私は解毒発酵と言っています。世界でも、これ以上の珍しいぬか発酵はないね。

有元　このふぐの卵巣のぬか漬けは私も大好きです。

ぬかみそをかわいがると、手がぴかぴかになるよ

小泉　私も毎日のようにぬか漬けを食べています。本当においしいと思うのは、きゅうり。斜めに切って食べるでしょう、そうすると、舌にチリチリチリって。あの刺激はビールなんかに入っているのと同じ炭酸ガス。あれが好きでね。

有元　なすなどは、またきゅうりとは、まったく別の味わいがあります。

小泉　私のおばあちゃんは、いつも、「ぬかみそをかわいがって、手入れをすると、手がぴかぴかになるよ」と言っていましたが、そうでしょう？

有元　はい、つるつるになります。

　昔のぬか床は大きな甕でしたから、ひじまで手を入れてかき混ぜていたんですよね。

小泉　そうそう、大きな樽だと、肩まで入れてかき混ぜていました。手伝うふりをしてやっていたけど、すぐにぬかを洗い落とさないとかゆくなってね。それは菌がいたからなんだね。悪い菌じゃないからいいけれど。

有元　でも傷があると、痛くて大変ですよね。

小泉　そうそう。ぬかを焙烙で煎ったものって、食べたことありますか？

有元　ないです。

小泉　ぬかを焦がしてね、そのあとが面白い。煮干し二、三匹の頭を取って、二つに割るでしょう、骨とわたを除いて、出刃包丁の頭でとんとん叩いて、ある程度やわらかくしたら、すり鉢に入れてすります。こうしてできた煮干しの粉を、先ほどのぬかの煎ったものの中に入れる。煮干しの粉は、ぬかの一〇分の一くらい。それに塩をパラパラと塩梅を見ながら加え、できれば、煎った白ごまをパラパラ。さらに、もみのりをチョチョチョ。それをふりかけにします。

有元　おいしそう！　これは絶対作りたいですね。

小泉　香ばしいぬかみその香りに酸味が加わって。それに煮干しのうまみが重なって、じつにおいしいのです。例えば、浸し物や酢の物の上にもパラパラっとしてもいい。

有元　ぬかってかつおぶしみたいに、うまみとして、いろいろ使えるのですね。すばらしい！

小泉武夫（こいずみ たけお）
一九四三年、福島県の酒造家に生まれる。東京農業大学名誉教授。農家博士。専門は発酵学、食文化論、醸造学。日本経済新聞に人気コラム「食あれば楽あり」を二十五年以上にわたり連載するほか、『猟師の肉は腐らない』『食と日本人の知恵』『漬け物大全』など著書は単著で一四三冊を数える。

あとがき

忙しくてぬか床をかき混ぜる時間がない――よく聞く言葉です。けれども、じつは忙しい人ほど、自分のぬか床を持っています。ぬか漬けがうまくできない理由は、「忙しさ」とは違うのかもしれません。多忙な日々を過ごしている人たちに聞いてみると、どうやら、彼女たちは、朝ごはんの片付けのついでにかき混ぜる、夕飯のしたくのついでにかき混ぜる、という具合に、さまざまな台所仕事とぬか床の手入れとがひとつながりの作業になっているようです。

ぬか床をかき混ぜたら、次は十分以内で今度は一気にガスレンジの掃除を済ませよう、あるいはここふいてしまおう。ちょっとゲーム感覚で手を動かせば、ほら、なんとなく楽しくなってきそうでしょう。

私の母、祖母、そしてもっと昔の日本の女性たちも、毎日、今よりもずっと手のかかる家事をせっせとこなし、その忙しい時間の中でぬか床をかき混ぜて、家族のための漬けものを作ってきました。ぬか漬けだけではありません。みそを作り、酒かすで魚や肉を保存し、梅干しやたくあんを仕込み……知恵と工夫で続けていく、そのような昔ながらの台所仕事は、今のようなドライな時代だからこそ、私たちの暮らしに潤いを与えてくれるのではないかと思います。

★

長い冬が終わり、厚いコートがいらない日が続くようになると、ぬか漬けも次第に早く漬かるようになります。今までは二、三日と時間をかけていたぬか漬けが一日でおいしくできる日は、「ようやく春も本番」と実感できる瞬間です。ぬか床の中の小さな生物たちは、季節がめぐっていくことも私に教えてくれるのです。

有元葉子

有元葉子（ありもと・ようこ）
イタリア料理や和食はもちろん、おいしくて美しく、野菜をたっぷりとれるレシピで定評のある料理研究家。インテリアや暮らしのスタイルにもファンが多く、雑誌やテレビ、お料理教室などその活躍の場は多岐に及ぶ。使い勝手をとことん追求したキッチン・ツール「ラ・バーゼ」を提案、またセレクトショップ「shop281」も好評。『料理は食材探しから』（東京書籍）でグルマン世界料理本大賞・食の紀行部門でグランプリ受賞。『だれも教えなかった料理のコツ』『1回作れば3度おいしい作りおきレシピ』『有元葉子の台所術』（以上、筑摩書房）、『レシピを見ないで作れるようになりましょう。』（SBクリエイティブ）『はじめが肝心 有元葉子の「下ごしらえ」』（文化出版局）などたくさんの著書がある。
www.arimotoyoko.com

写真　竹内章雄
デザイン　若山嘉代子 L'espace

ぬか漬《づ》け帖《ちょう》

2019年5月30日　初版第一刷発行
2025年7月25日　初版第四刷発行

著　者　有元葉子
発行者　増田健史
発行所　株式会社筑摩書房
東京都台東区蔵前 2-5-3
〒111-8755
電話　03-5687-2601（代表）
印　刷　TOPPANクロレ株式会社
製　本　加藤製本株式会社

ISBN978-4-480-87906-6 C0077